人は　なぜ生まれ
いかに　生きるのか　新装版

江原啓之

ハート出版

活動30周年の節目に

私が霊的真理の研究を始めてから、30年を迎えようとしています。その中でも特にこの10年はメディアの影響力もあり時代の寵児となり、社会の物議を醸すほどにまでなりました。ときには嵐の中を歩むような思いもありましたが、それまではオーラやヒーリングという言葉すら世間の認識はありませんでしたので、その甲斐もあったと今では思っております。実はこのように時代の寵児となるのも、私としては想定内であり、霊的真理を学び始めた頃より自覚していました。

本書を最初に世に出したのは平成7年です。初版は『自分のための「霊学」のすすめ』というタイトルでしたが、平成13年に新装版『人はなぜ生まれいかに生きるのか』として生まれ変わりました。最初の出版は20年以上も前のことです。そうです。この本は私の原点なのです。そしてこの本を最初に出さなければならなかった大きな理由があったのです。

今では私の名前を知らない人はいないほどです。それだけに社会の影響力も大きくなったがために、今では科学的に証明されていないものを公の放送で表現してはならないという規制も強くなってしまいました。多くの人から「テレビでもっと霊的なことを語ってほしい」と言われますが、それが叶わない理由です。

しかし私と言えば「霊的真理の人」という認識は誰もが抱いているのですから、私は誤解を恐れず、あえてバラエティ番組などにも出演しているのです。それはバラエティを観ながらも、人生に悩む人が、私を思い出すことで、私の書籍や霊的真理に目を向けてくださるようにと私が願ったからなのです。

そして本書冒頭（3ページ）にあるように「私は決して特別な人間ではありません」ということを理解していただくためにも。ときにバラエティなどと眉をひそめる人もいるでしょう。私を神格化したい人には堕落したようにとらえるかもしれません。すべては想定内のこと。だからこそ本書をはじめに世に出したのです。「これが江原の原点であり、今でも軸はぶれていない」ということが、この本をお読みになることでご理解いただけることでしょう。

この本を出した理由。それは「これが江原啓之である」と伝えるためでした。日常の暮らしに活かすスピリチュアルな応用編と言える書籍などは、その後もたくさん出版しておりますが、それは霊的真理をご存じない初めての方でも、理解できるいわば普及のためのものです。誤解を恐れず申し上げれば、赤ちゃんが初めて食するものが大人の食べ物であれば消化不良を起こしてしまいます。

ですからスピリチュアルとやわらかく伝える応用編は、いわば「おもゆ」や「おかゆ」でした。すると「納得がいった」とたくさんの人からの支持を得られました。しかし私の願いは、理解の成長に合わせて、やがて「米」へと望んでほしいこと。なぜならば、それが本当の幸せになることだからです。本当の幸せとは、人がなぜ生まれ、なぜ生き、そして人生の苦難や死の意味をも理解し「何も恐れることがない」生き方になることです。

まさにこの本は「米」でもあり、私の原点、「玄米」ともいえる本です。原点より今でも軸のぶれない不変の私の言霊だからこそ、今の時代でも、いつの時代でも新鮮に感じられることと思います。ここに私の想いのすべてが込められています。「価値があるから生きるのではなく、生き抜くことに価値がある」という私の信念とともに、これからも世のため人のために歩みたいと願っております。

平成28年6月

江原啓之

推薦の言葉

二十年程ばかり前から私は、いわゆる超常現象というものに、度々遭遇し、好むと好まざるとに拘わらず、霊能者の方々と知り合いになりました。その方たちは確かに我々にはない神秘な力の持ち主でしたが、私はそのすべてを信頼したわけではありませんでした。

そのときは苦しまぎれに従ったものの、何の示唆も得られずに終わったこともあれば、心から敬服させられたこともあります。そしてその結果、霊能があってもそれを私利私欲に使っている霊能者のいうことは全面的に信じてはならないことがわかるようになりました。

江原啓之さんは私より四十年も年下の青年です。けれども、私は年上の人のように、江原さんに師事してきました。江原さんの濁りのない、終始一貫してま心のある、清澄な人格に触れると、この人のいうことならば、すべて疑わずに信じようという気になるのです。

霊能者の霊視が当たったか当たらなかったか、などということを問題にする前に、私たちにとって大切なことは、「それならばどう生きればいいのか」ということです。「それならば」というのは、「死者の世界を信じ、霊魂の存在を信じるならば、」という意味です。

それならばどう生きるべきか、ということをヌキにして、心霊現象に興味を持つことは無意味です。この書は、江原さんのはじめての著書ですが、この中にはそれが十分に説明されています。江原さんの一途な人間への愛がこの書には流れています。それがこの書の一番の価値だと思います。

佐藤愛子

平成六年十二月吉日

目次

第二章　霊能者への道

第二部　魂を救済する「心霊真説」

第一章　生きる

第二章　守護霊はあなたを見捨てない

第三章　これが「霊障」の実態だ

第一部　私の心霊体験

私は、決して特別な人間ではありません。ごくごく普通の生活をしている人間です。霊能者というと特殊な人々を想像するせいでしょうか、この私が霊能者というと世間の人は非常に珍しがります。

私は、現在、東京でスピリチュアリズム研究所を主宰し、心霊相談とヒーリングに携わっています。

あなたはヒーリングという言葉を聞いたことがありますか？　新しもの好きの人たちのあいだで広がりつつあるので、意味は知らなくても聞いたことぐらいあるかもしれませんね。ヒーリングとは「霊的治療」または「霊癒」という意味なのです。

「ああ、フィリピンの心霊手術や手かざし治療のことね」

こう思ったあなた、ちょっと待ってください。

もちろん、それらもヒーリングとは相違ありません。しかし、ヒーリングの本当の意味はそれとちょっと違うのです。ヒーリングでは、霊を癒すこと、まさに霊癒なのです。

たとえば、無痛の心霊手術などで跡形もなく病気を治したとしても、手かざしして重病を治したとしても、根本的な原因が取り除かれない限り、また同じ病気、もしくは違う病気にかかる可能性が高い。

なぜでしょう？　霊の問題は自分の心の問題、霊（たましい）の問題だからなのです。

そうです。「病は気から」という言葉の本当の意味は「病は霊（たましい）から」なのです。ですから、病気を完全に治したいなら、霊を癒さなければならないのです。

では、どうすれば霊癒ができるのでしょう？　ヒーリングを施す人を「ヒーラー」と言います。あなたに霊癒を施し、二度と病に倒れることがないように霊界の真実を教えることができる人、それがヒーラーなのです。

私はヒーラーです。しかし、現実は心霊相談と講演が中心の毎日になり、ヒーリングは二の次になってしまっています。しかし、心霊相談による人生問題の指導も広義のヒーリングと考えれば、これもまたヒーラーの仕事かもしれません。

第一章　心霊現象に苦悩する日々

変わった子供

■最初の霊的体験

では、ごく普通の人間を自認する私がなぜ世間に珍しがられる霊能者になったのか、そのいきさつをお話ししようと思います。

私は東京の下町、墨田区に生まれました。とても厳格な父と信心深い母と七つ年上の姉のもとに、待望の男児誕生とあって、とても喜ばれ、かわいがられました。

特に母は良心と奉仕を重んじる人でしたので、人に対しての思いやりについてはとりわけ厳しく教えられました。このことは今の私にとっても強く印象に残っており、今でも思い出しては反省させられます。

そのようなごく普通の家庭に生まれた私が、最初に不思議がられたのは、四歳のときのことです。その日、家には数人の親戚が集まり、楽しいひとときを過ごしていました。

そのときふと、私の口から過去の両親の夫婦喧嘩の一部始終が話し出されました。両親は赤面し、私を叱りました。しかしそのとき、母は突然その矛盾に気がつき呆然となって言ったのです。

「なんでお前、そんなことを知ってるの？」

実は、そのことは私が生まれる前に起こった出来事だったからです。私はそのときの恐怖を訴え、集まった皆を驚かせてしまったのでした。

そのときを境に、つぎつぎと不思議な出来事が起こるようになりました。

その事件から何日かたったある日の夕方、父はスイカを買うために自転車で出かけようとしました。

「お父さん、行っちゃいや！」

泣いてすがりつく私を相手にせず、おかしな子だと父は笑いながら出かけました。

しかしその後、自転車が転倒し、父は怪我を負い、割れたスイカを手に帰ってきたのでした。

その翌日には、火鉢の上のヤカンから煙が出ているのを感じました。それを母に告げましたが実際には何も起こっておらず、またしても叱られるはめになってしまいました。それから四時間ほど経ったころでしょうか。火鉢の上のヤカンが茶だんすに接して煙を出したのです。

そのような不思議な出来事はその後も続きましたが、周囲の人たちは偶然が重なったと見ていたようです。

しかし、ついにまわりの者たちが、偶然ではなく、何かがあると確信せざるをえない事件が起こりました。

それは、父の死だったのです。私は父に、姉の誕生後七年待って得た待望の男児だったためでしょうか、とても愛されました。私も父のヒザの上から離れないほどだったと言います。その私が、その年の九月の彼岸のある日を境に、父に寄りつかなくなってしまったのです。

父の背には真っ黒な闇がありました。その闇は得も言われぬ深い恐怖を幼い私に与えたのです。私は父のそばに行くことができなくなってしまったのです。

後から来るのは闇ばかりというのは、まさにこういうことを言うのではないかと今にして思いますが、これは心霊現象のオーラと呼ばれるものだったのです。

これも後になってわかったことですが、死に際しての生き物のオーラはみな闇のようになるのです。幼い私には説明できるものではありませんでしたが、そのような理由によって父に近寄ることができなくなってしまったのです。

未知なるものに感じたあの不安は、今もまだはっきり私の胸に残っています。

二日後、会社から知らせがありました。父が倒れたというのです。病院に駆けつけた私たちを待っていてくれたかのように、数時間後、父は帰幽しました。ところが、父が死んだ途端、なぜか私のなかから今までの不安はなくなり、喜びがそれに変わっていったのです。

私は、そのとき、四歳でした。しかし、死の意味するところは理解していました。会えなくなる寂しさはあったのですが、それ以上に、父が人生の苦しみからようやく旅立ったという思いが喜びとなって私のなかに満ちてきたのでした。

そのためでしょうか、父の死後、日も経たないのに太鼓をたたき、近所を練り歩いて遊んでいたというのです。近所のみなさんには、その姿がいじらしく、また、けなげに見え、涙を誘ったというエピソードも残っているくらいです。

このことをきっかけとして、周囲の人々は私を「変わった子供」と確信したようです。

しかし、こんな私を一番心配したのは、やはり母ではなかったでしょうか。幼稚園に行き、お絵描きをさせても、赤い海、黒い太陽、宙に浮かぶ家といった、おかしな絵を描いたりするわけです。

先生もこの子は心理学的に問題があると考えたようです。母が呼び出されることも度々あったと思います。他人には理解できない奇妙な行動も、母を悩ませたようです。

たとえば、手に怪我をしたりすると、私はよく土に手を埋めてじっとしていました。土が傷を癒してくれると信じていたのです。自然によって癒されるということを、多分、知っていたのだと思います。

また、私は、母、姉の持つアクセサリーの類いが大嫌いでした。テーブルの上などに置いてあれば、すかさず引き出しなどにしまい込み、隠してしまいました。

宝石、お金、アクセサリーなどは、オーラや気（エネルギー）が悪く、これがあると人は不幸になると思っていたからです。物質主義の価値観が人々の争いの種になると、子供の感性で理解していたのでしょうか。

とにかく、他人からはまったく理解できない奇妙な行動を起こす子供を持って、母はどんなに苦しんだことでしょう。そう思うと、今でも気の毒で申し訳ない気持ちになります。

しかし、母が私を変わり者扱いすることは決してありませんでした。ただ、「人に迷惑になるようなことだけはしないようにね」と、優しく言ってくれたのです。

■他の子供たちのオーラで黒板が見えない！

私の霊的体質はその後も収まることなく、小学校へと進みました。自我の目覚めも重なり、私にとってこの体質は苦痛なものとなってきたのです。

入学してからまず最初に起こった問題は、オーラ（霊衣）が見え過ぎてしまうことでした。私は背が高いほうでしたし、視力も良かったので座席は常に後ろのほうでした。普通の子供にとってなんでもないこんなことでさえ、私には問題となったのです。

小学生は休み時間になると、われ先にグラウンドに飛び出していきます。そしてチャイムの音と共に元気に飛び跳ねながら教室に入って来るのです。

そんなとき、子供たちのオーラは非常に明るく、赤や黄色の蛍光色でメラメラと活発に放射されているのです。それはこの現世の光の反射とは全く異なるものなのです。

私は、前に座っている子供たちのオーラによって、黒板の文字が見えなくなってしまいました。私は困り果てて、先生に黒板の文字が見えないと訴えました。先生は外からの光の反射で見えなくなるのだろうと考えたのでしょう、カーテンを閉めるように指示しました。

すると薄暗くなった教室は、私の精神を統一することを助長してしまい、オーラをますますはっきりと映し出してしまったのです。私はもう一度、先生に訴えました。

「みんなから出る光で黒板が見えません」

もちろん、先生にこんなことを理解できるはずもありません。私は視力は良いのですから、これは急病かもしれないと保健室に送られてしまいました。

結果は異常なし。このため、私は嘘つき扱いされてしまいました。このとき初めて、私は自分だけに見えて他の子供たちには見えないものがあることを悟りました。

ショックでした。深い孤独を感じました。この日から私は、他人にあまり変わったことを言わないようになりました。

その後、担任の先生は母に「家庭内の愛情が足りないのでは?」と言ってきたそうです。先生には理解できなくても仕方ないでしょう。

それでも、このようなことを除けば、私は先生にとても愛されて幸せでした。そのおかげで以後、あまりくよくよ悩むことはありませんでした。

このようにして始まった小学校時代、それからの私はもっともっと苦労することになっていったのです。

■霊視に泣かされる日々

その次に私を悩ませたのは、霊的に敏感なことが原因で虚弱体質に陥ってしまったことでした。

日々、襲ってくる頭痛とけだるさ、月に一度は必ず起こる四十度の発熱。最初は頭痛が続くのは病気ではないかと考え、病院で何度も検査を受けました。しかし、レントゲンも脳波も異常はありません。結局、すべては精神的なものからくるという診断でした。

また、私は人ごみが殊に苦手でした。電車、街、店など人が多くいる場所に行くだけで調子が悪くなってしまうのです。

頭痛、けだるさ、発熱と続いていくので、母は、私が忍耐力のない子供だと思ったのでしょう、よく注意をしました。外出をして帰宅をすると一時間は横にならないと動けないという弱い子供だったのです。

すべては憑依体質という、霊的に敏感で霊やエネルギー気に感応しやすい体質から起こるものでした。今ならともかく、子供の私には除霊などできるはずもありません。低い波長や霊が自分のオーラに感応すると頭痛やだるさなどになり、除霊ができないので発熱などを起こし浄化させる。この連続でした。したがって、学校は休みがちになってしまいました。

そんな私を母は本当に心配していました。また、具合の悪い日には、祖母がいつも優しく看病してくれました。この祖母と私は寺社仏閣巡りの仲間でもありました。三歳のときから亀戸天神、深川八幡、お不動様は二人のお決まりコースだったのです。そのようなことから、祖母は私の良き理解者でした。

このような虚弱体質で寝込みがちな子供ですから、当然外出もあまりありません。布団のなかにいる日々ですから、とてもつまらなかったのです。そんな私を霊界は気の毒と思ったのでしょうか、突然、私に語りかけてきたのです。

「さあ、何が見たいか言ってみなさい」

子供だった私は、それを不思議とも思わず、「乗り物が見たい！」と言いました。すると、部屋の奥から模型のようなモノレール、電車などが現われ、あたり一面パノラマのようになってしまいました。

この日から私が寝込むときには、霊界がいろいろな映像を作って見せてくれました。私は、子供ながらにその映像に驚き、母や姉に必死で説明をしました。それでも、私が必死になればなるほど、逆に私の頭がおかしくなったと思わせてしまったのです。私が力説すればするほど、母や姉の目からは涙がこぼれ落ちました。

今になれば笑い話ですが、そのときは母も姉も本当に辛かったのだと思います。しかし、霊界が私とこのように遊んでくれるおかげで、以後退屈することはなくなりました。

そしてまた、私の憑依体質との縁は切れることなく続いていったのです。特に霊視にはいつも泣かされました。私が生まれた所は下町で、霊的因縁は特に強いものがあります。関東大震災、東京大空襲と多くの人々が亡くなっている土地です。これも私にとっての試練であったのでしょうが、当時の私には大変な苦しみでした。

近くの川に遊びに行けば、川から無数の手が出てくるのが見えるのです。そして、耳なりと共に呻くような声。空襲で亡くなった人たちでしょうか、それはとても恐ろしいものでした。

また、学校の行き帰り、道を歩いているときなど、よく防空頭巾の母子に会いました。

私が見えないのでしょうか、こちらに向かって走ってくると、私の体の中を走り抜けていくのです。

それがあるとき、ふと、かわいそうになりました。

「今度会ったら、話しかけてみよう」

そう思ったその晩、その母子は私の寝ている部屋にやって来たのです。

女の子が悲しげに目で訴えてくるのですが、何も聞こえません。思いきってこちらから、「何をしているの？」と尋ねると、「どこへ行ったら安全なの？」と言うのです。

「家族の行方がわからないの」とも言っていました。

「戦争はとっくに終わったんだよ。早く天国に行って！」

この言葉を繰り返すほかに、そのときの私にできることはありませんでした。

一時間くらいそのようなやりとりをしていたように思いましたが、実際には十分程度しかたっていなかったのです。

そして、そのような体験をした後には、やはり発熱を起こし寝込むのでした。こんな繰り返しは小学校五年生くらいまで続きました

■母の死・予言

霊的に敏感で苦しかった小学校時代と違って、中学校に入ってからは、霊的現象は少なくなりました。

しかし、この憑依体質はそのまま続き、虚弱でした。とはいえ、小学校時代よりだいぶ軽く、ごく普通の中学生生活を過ごすことができました。しかしそれも束の間、次に私に与えられた試練は母の死だったのです。

中学二年の終わり頃から、母の体調が思わしくなく病院に入院しました。診断は末期の癌。あと三ヵ月の余命と告げられて私たち姉弟は動揺しました。父の死のときのような予知は、私にはありませんでした。

ただ母の体調が崩れる何ヵ月か前のこと、ふと葬式に参列している自分を夢に見たのです。そのときは嫌な予感がありましたが、母のことと結びつけようとは、まったく考えてもみませんでした。

しかし、その頃の母は、人生を振り返っての話しや、私への先々の心構えの話しをよくしていたのです。

おかしなことばかり言うのだなと思いながらも、私は母がとても疲れて心細くなっているのだろうと思っていました。でも今思えば、母にもまた予感があったのでしょう。

母の入院中、私は看病のため毎日病院に通いました。このことが私の霊性をさらに揺り起こしていったのです。病院の廊下を歩きながら、ふとこの部屋の方は亡くなるなと思うと、翌日には空室になっていることなど度々でした。

また、オーラの色から「あなたはあそこが悪い、あなたはここが悪い」と、つぎつぎに言い当て、まわりの人を驚かせてしまったこともあります。しかし、私自身は無意識のことだったのです。

そして、母の臨終近く、私たちは病院に泊まり込むことになりました。

夜、病院のベンチに寝ていると話し声が聞こえてくるのです。誰が話しているのだろうと、何度も目を開けてあたりを見回すのですが誰もいません。なかなか眠れない日が続き、ある日私はその正体を見てやろうと一晩中起きていることにしたのです。

すると十二時をまわった頃から、寝間着を来た病人の霊や血だらけ作業衣を来た男の霊が十人程、あたりをうろつきはじめました。

そのなかには、前日亡くなったばかりの母と同じ病室だった方もいました。ふと私は、そうか、この人たちはみんな死んでいることに気がついていないのではないかと感じました。かわいそうに、さぞ辛いだろうと思いましたが、その頃の私には何もしてあげられませんでした。

不思議なことはまだ続きました。私が母と病室にいたときのこと、母が急に「良かったねぇ。Hさん、あんなに元気になって。今病室の前を歩いて行ったよ」と言うのです。その人とは先に述べた、母と同じ病室で亡くなった方のことでした。亡くなる前にはみな個室に移されますし、母の不安を煽らないようにと、母には何も告げていなかったのです。もちろん、母の病気のことも。

私は、母が霊界に近くなっていることを感じました。姉は、怖がるばかりでしたし、祖母も、手を合わせるほかには何もできませんでした。

その数日後、母と私は病室で二人きりになりました。母は私に話しかけてきました。母はこう告げたのです。

「私はもうすぐ死ぬ。姉弟仲良く暮らしていってね。そして、人は一人では生きられないものだから、ほかの人を大切にするのよ。そうすればお前もきっと孤独でなくなるからね。

でも、母親以上に子供を大切にするものはいない。お前はその母を失ってしまうのだから、自分の行いに責任を持って、自分のことは自分で守るのよ。人に頼ることばかり思わず、与えることを喜びと感じられる人になって生きていきなさい。

お前は十八歳までは守られる。でもそれからは自分の力で生きなければいけないよ。辛いと思う。でも私の言葉を思い出して、明るさを失わず生きていきなさい。いいね、十八歳までだよ。

それから先には、お前にはいろいろなことがあるけど、決して負けてはいけないよ」

母は、まるで先々の私の姿が見えているように語りました。私は十八歳を境にいったい何があるのかと不安な思いにとらわれました。

翌日から母は、意識不明に陥りました。この意識不明の状態が一週間続きましたが、その間ずっと、母は話し続けました。

でも、その相手は私たちではなく、すべて亡くなった人たちばかりでした。懐かしい人たちの名前が母の口からつぎつぎと語られました。なかには私にはわからなく、祖母だけが知っているような古い人たちの名前もあったようです。話しの内容はとてもはっきりしていました。それこそ楽しそうに、ときには悲しそうに顔を歪めたりして、私が嫉妬するほど死後の世界の人々と話しを続けるのでした。

私はこれがいわゆる再会であり、お迎えなのだと感じました。祖母はそんな母を見るのが辛かったのでしょう。父に「早く連れてって行ってやっておくれ」と声を出して祈って、みんなに叱られたりして気の毒でした。私もまた、同じ思いだったのです。

それから数日後、隣の病室が空いているので寝ても構わないとの許しをもらったので、私はベッドで眠っていました。すると母の声が聞こえたのです。

「起きなさい」

私は目を覚まし、無意識のうちにベッドから起き上がりました。気がつくと母の病室にいたのです。

突然姉が、「呼吸が止まった！」と叫びました。医師が呼ばれ、母の臨終となりました。

この母の死を通して、私は不思議な体験をし、また今後の人生を考えさせられました。母に幼い頃から、私の霊的体質のためにどれほどの苦労をかけたかわかりません。

母に何もしてやれなかった悲しさが私を泣かせました。

次第にエスカレートする心霊現象

■人生でいちばん怖かった霊的体験

母の死によって経済的理由からも大学進学はできないと思いました。それでも私は、幼い頃からサラリーマンだけにはなりたくないと考えていましたので、デザイン科のある高校を選びました。生きがいのある人生、そして自分で夢を造る夢の持てる人生にしたいと考えていたのです。

私にとっての高校生活はとても楽しいものでした。芸術家気取りで、とても傲慢だったと思うのですが、何もかもが自由でどうにでもなれると思う若さがありました。

しかし、この幸せで平凡な日々も長くは続きませんでした。またしても心霊現象が私を襲い始めたのです。若い頃にこれを経験した人は多いと思いますが、私の高校時代にもいわゆるコックリさん遊びが流行《はや》りました。

友人に誘われて、興味本位に加わった私の目の前で、立ててあったロウソクの炎がメラメラと一メートル程の高さに燃え上がったのです。そして、ものすごいスピードで文字が示されていきました。

今考えてみれば、低い霊だったのではと思えますが、何か物を落としたり、いろいろなことを私たちに見せました。不思議と私が加わったときに、その現象は起こったようで、私はクラスメートの間でひっぱりだこになってしまいました。

しかし、これは危険なことなのです。この遊びをしているうちに低級な霊に取り憑かれ、ひどい目に遭っている人がたくさんいます。こんな危険なことをよくしたものだと、反省しています。

そのあたりからです、心霊現象がエスカレートしてきたのは。その数日後、私はそれまでの人生でいちばん怖い思いをすることになったのです。十七歳のときでした。

姉は結婚をしていましたので、私はすでに一人暮らしをしていました。深夜のことでした。私は眠りについていました。すると突然、ベッドが起きあがるように動きだし、ひどい耳なりが私を襲いました。それと同時に金縛りにあってしまったのです。

必死に落ち着こうと思い、目を開け、手足を動かそうとするのですが動きません。

「お父さん、助けて下さい！」

私は、心のなかで強く叫びました。するとどうしたことでしょう。手と足は動かないのですが、胴だけが動くようになりました。すかさず隣の部屋へ行き、灯りをつけようとベッドから転げ落ちて、イモ虫のように這っていきました。

隣の部屋は仏間になっておりました。蒼い光が仏壇の方向から感じられます。私は仏壇に目を向けました。すると、仏壇の横の白壁に、五十歳位の頬のこけた、蒼白い顔が私を見つめているではありませんか。

そして、不気味に声をあげて笑っているのです。私が灯りをつけようと、もがけばもがくほど、面白そうに笑うのです。私はついに耐えられず、気を失ってしまいました。

気がついたときには、もう朝でした。

しかし不思議なことに、手足が金縛りにあって利かなかったはずなのに、私は手にしっかりと数珠を握っていたのでした。これが私を救ってくれたのでしょうか？　守護霊の働きだったのでしょうか？　この日から三日ほど、恐ろしさのあまり家には帰れず、友人宅に泊まりに行ったことを今でもはっきりと覚えています。

そして、ついに母の予言した十八歳を迎えたのです。

■「心霊病」に侵される

私は幸せなことに、ある大学の芸術学科に進学することができました。しかし、私に起こる心霊現象は激しくなるばかりでした。私の大学は町田近辺にありましたので、通学しやすいところへと住み慣れた土地から転居しました。

ところが、それを皮切りに、一年間のうちに四度も引っ越しをすることになってしまったのです。

最初のアパートでは、同じ高校から共に進学した友人と同居することになりました。新しい生活のスタートに心は弾んでいました。

ところが、ある晩、私の入浴中に電話が鳴ったのです。耳を澄ますと、同居していた友人が電話に出て、「江原は今、入浴中なので、伝言しておきます。お名前は……Nさんですね」と言って切りました。

Nさんというのは、しばらく疎遠になっていた友人だったので、私は浴室から顔を出し、「今の電話の用件、何だった?」と聞きました。すると同居人は「電話なんてかかってないよ」と不思議そうな顔をして言うではありませんか。

私も不思議には思いましたが、たいして気にもせず、浴室のドアを閉めようとしました。ところが、そうしようとするやいなや、電話が鳴り始めました。同居人が電話を取り、さきほど聞いたのとまったく同じ返事が聞こえてくるのです。

先方はやはりNさんでした。私はNさんに何かあったのではと驚き、早々に入浴を終えて電話をかけました。幸い、Nさんには特別なことは何もありませんでしたが、私の霊的体質をよく知っている同居人さえ、これには驚いたようです。

私たちはこの現象について話し合い、これはきっと予知能力だとの結論を出したのです。それからも不思議な現象はつぎつぎと起こりました。あるとき、私と友人はたまたま二人とも外出せず、一緒に昼食をとっていました。

しばらく前から私はあることに気づいていたのですが、友人のほうから口重く話し出しました。

「夜中になると、アパートの部屋のなかをすり足で誰かが歩いているようなんだよ。お前、そんな気がしないか?」

実は私も同じことが気になっていたのです。お互いの足音でないことは、二人とも確信していました。なぜならば、足袋で歩くような音だったのです。

食事が終わると私たちは二人とも、恐怖のあまりそそくさと外出してしまいました。

その数日後の深夜、どうしても寝つかれなかった私は、音楽でも聴こうと二人の共用スペースにカセットテープを取りに行きました。

すると、友人の部屋のふすまの端から、光がもれています。アイツも寝つかれないのだな、と思ってふすま越しに声をかけてみました。すると部屋からは、

「ふっ、ふっ、ふっ、ふう」

と恐ろしげな笑い声が聞こえてきたのです。

これは友人がいたずらをして、私を驚かそうとしているなと思いました。「ふざけるなよ！」と言いながら、ふすまを二、三度叩くと、これに応えるように三度ほど「ふっ、ふっ、ふう」と笑いながら叩き返してくるのです。

私は「起きているんだろう！　開けるぞ！」と言いながら、一気にふすまを開けました。驚いたことに、部屋の中は真っ暗です。おまけに友人は、ふすまには手の届くはずもない部屋の反対側の窓よりに布団を敷いて眠っていました。

恐怖に駆られて、私は灯りをつけ、友人を起こしました。戸惑う友人に一部始終を話して聞かせ、朝になるのを二人で待ちました。そして、二人はこのアパートには何かあるに違いないとの結論を出し、引っ越しして別々に暮らすことにしたのです。入居して三ヵ月くらいのときでした。

今、考えると、彼も大変霊感の強い人間だったようです。そのために激しい心霊現象に遭うことになったのでしょう。つぎに移ったのは、小高い山の住宅地にあるアパートでした。

自然もまだたくさん残っており、ここなら大丈夫と安心して入居しました。しかしここでもすぐに、心霊現象は私を襲ったのです。

深夜ベッドに入り、眠りにつこうとすると、待っていたかのように突然ビシッ！　とラップ音（叩音）が鳴りました。続いて、バタバタと何か木のようなものを叩く音が始まったのです。

私は嫌な感じと、またしても襲ってきた心霊現象にいい加減うんざりしていたので、布団に潜り込み、朝になるのを待ちました。これが二階の部屋か隣の住人の仕業であってほしいと思いながら……。

朝を迎えた私は、恐る恐る部屋を見渡しました。特に変わったこともなく、恐怖のあまり幻覚を感じたのだと思い、ほっとして畳にゴロリと寝転がりました。

その途端、私はゾッ！　として飛び起きました。天井いっぱいに無数の手の跡がついています。油が染みたような手の跡だったのです。大きさから見ても男の手の跡と思われました。

引っ越してきたばかりですから部屋もきれいで、昨日までは確かに手の跡などはありませんでした。照明器具を取り付けるときには、はっきりと見ているのです。こんな部屋にはいられません。またしても、引っ越しをするはめになりました。

今度は賑やかでうるさいぐらいの場所を探していたら、アーケード街の商店の二階で、お望みならば一階の商店でアルバイトもどうぞ！　という物件が見つかりました。

「しめた！　ここに決めよう！」

渡りに船とばかりに、私はこの物件に飛びつきました。窓を開けるとアーケード街の色とりどりの看板が光に映え、何かホッとする美しさです。ここなら大丈夫、私は心の底から思いました。

でも駄目だったのです。夜な夜な窓辺に人影が現われ、窓をたたくのです。

「泥棒だな、叩きのめしてやる！」

最初、私はこれを泥棒の仕業だと考えました。そこで棒を持って何度も窓を開けてみるのですが、何もいません。何日も何日もそんなことが続きました。もちろん正体はつかめないままです。

それどころか、そのうち、階段を上ってくる足音まで始まったのです。なんとしてでも正体をつかんでやろうと、夜中起きている生活が続いたため、生活のリズムがすっかり狂ってしまい、私はとうとう体調を崩し寝込んでしまったのでした。

このために大学も休みがちになり、いわゆる心霊病に侵されてしまったのです。たびかさなる引っ越しのために、経済的にもドン底に陥っていた私は、大学を続けるためにも働かざるをえなくなってしまいました。

アルバイトを探し始めた私は、時間がたっぷりあって勉強ができ、泊まった分だけお金になると軽く考え、常駐の警備員のアルバイトを始めました。

■アルバイト先でもつぎつぎと心霊現象が！

仕事先も決まった私は、晴れてまた引っ越しをしました。一年間に四回もの引っ越しを経験したことになります。

このアルバイトを始めてから、私に降りかかる心霊現象は一段と回数を増し、このことが私の人生を変えるきっかけとなっていったのでした。

私の勤務地は専門学校でした。私は十九歳になったばかりでした。また大学に行けるように頑張ろうと、私は一生懸命でした。

しかし、そんな私をあざ笑うかのように、心霊現象は激しさを増し続けました。それはあたかも、私に降りかかったこれまでの現象の裏付けをしていくための作業のように思えるのでした。

警備の仕事というのは校舎を巡回して、異常がないか確認していくというものです。

この仕事を始めて何日か経ったある日、無人になった夜間の校舎を、私は一人で歩いていました。

三階の廊下を薄暗い灯りを頼りに歩いていると、突然、オートバイがこちらに向かって突進して来るではありませんか！

待てよ、ここは三階だし……などと考えるゆとりはもちろんありません。私は顔色を変えて逃げ出しました。

「このままでは跳ねられてしまう！」

そう思った瞬間、こんどは巨大なダンプカーがこっちに突っ込んできたのでした。

あっ！　と思う間もなく、オートバイはダンプカーに跳ね飛ばされていました。

そして、オートバイもダンプカーもそのままかき消されたかのように見えなくなりました。私は何かにひきよせられるように、廊下の横にあったロッカーに目をやりました。

ロッカーの上には黒いヘルメットが置いてありました。

なんと、そのヘルメットのなかには、若い男の顔があったのです。私は悲鳴をあげると、警備室まで走って逃げました。

翌日、さりげなく学校の若い職員に聞いてみると、その黒いヘルメットは夏休みに事故で亡くなった学生の持ち物だったのです。それを学生の友人が形見として持ってきたというのです。事故の様子も私が映像で見たそのままでした。

そう聞かされて、私は、ただただ恐ろしいばかりでした。

■いつ、どこでも霊が見えてきた！

学校や人の集まるところには、よく霊が集まると言いますが、この警備員時代に私が体験した心霊現象は枚挙にいとまがないほどです。そのうちのいくつかを御紹介しましょう。

同じ専門学校で起こったことです。警備室は建物と離れ、独立していました。造りはちょうど交番のようで、前と横側の三面がガラス張りになっていました。

ある夜、私がこの警備室で待機していると、ガラス面に私とは違う人が座っているのが映っています。何度も横目で確かめてみたのですが、確かに違う人です。私は思いきって横を向き見定めました。

映っていたのは同じ警備員の制服を着た六十歳くらいの男の人です。目が会うとまもなく、その人の姿はさっと消えました。

後日、古株の警備員に聞くと、蒼ざめた顔で「それはあの警備室で、座ったまま死んでいたSさんだよ」と教えてくれました。

これもまた、同じ警備室での目撃談です。その日は夜に入って雨が降り出しました。雨の落ちる外の光景をぼんやり眺めていると、蒼白い光に照らされるように、若い学生らしい男が傘もささずに立っています。様子がおかしいと心配になった私は、事情を聞こうと外に出ました。

するとその若い学生は悲しげな顔を見せながら消えていきました。

翌日、このことを話すと、ちょうど同じ場所で飛び下り自殺があったといいます。また、その日が奇しくもその学生の命日でした。

私が行き場のない霊を呼び寄せるのでしょうか？　こんなこともありました。

一人きりの深夜の警備室。天井に大岩でも落ちたかのような、凄まじい音がします。あわてて外に飛び出して見回るのですが、どこにも異常は見られません。

部屋に戻ってみると、今度は老人らしい男の声で「ヨッ！」と三回、声をかけられました。すると、その声に続いて電話が鳴り、親戚の男性が死んだという姉からの連絡が入りました。

不思議なことが起こったのは　専門学校だけではありません。次に派遣されたのは、ある研修センターでした。ここの警備室は建物の中にありました。ここで私は常駐で警備を担当することになりました。

そういうわけで、私の他には誰もいないはずなのに、足音がおかしいのです。私のものではない足音が聞こえるような気がします。

立ち止まって耳を澄ませると、もう一人、誰か別の足音、鍵のなる音、そしてドアを開ける音まで聞こえてくるのです。

「侵入者がいる！」

私は気づかれぬように静かに警備室に戻りました。本部に連絡を取り、応援に駆けつけてもらい、隣の建物の警備員にも協力をあおぎ一緒に見回ってもらいました。

しかし、鍵はすべてかかっており、誰かが侵入した痕跡は見つかりませんでした。結局、私の誤認ということで皆は引き上げて行きました。

しかし、つぎの日も、それは続きました。

今度は自分だけで捕まえて汚名を晴らそうと足音を追っていくと、なんと同じ洋服を着た警備員が前を歩いていきます。またも心霊現象であったのです。

翌日、交替のためにやって来た古い警備員の人にその男の顔の特徴などを話すと、やはりここでの勤務中に亡くなった警備員でした。

かわいそうに、死んでいることがわかっていないのです。しかし、このような哀れな霊に対して、私はまだ無力でした。

この研修センターは昔の練兵場の跡地に建っていました。そのせいでしょう。こんな体験もしたことがあります。

この建物の地下を見回っていたときのことです。突然、笛の音が「ピイーッ！」と鳴り、たくさんの人たちの足並を揃えた足音と、馬の歩く音が私の方に押し寄せてきました。私は金縛りにあったようにまったく動けません。

私は、これは心霊現象だとすぐ気がつきましたが、音がするだけで何も見えませんでした。やがて、次第に音は遠ざかっていきました。

こんなことが毎日のように続くので、私は口を開けばすぐに霊の話やおかしなことばかり言っていました。

周囲の人たちは、私が完全に精神病に侵されたか、おかしな宗教にでも入ったと思ったことでしょう。

このような体験が続くなか、一年ほどの期間で、私はいつ、どこでも霊が見えるようになっていきました。

友人たちは気の毒がって、気晴らしのドライブに誘ってくれたりもしましたが、走る道々、私が、

「あそこに霊がいる。ここにも霊がいる」

などと言い出して、またそう言った場所には事故で亡くなったのか必ず花が供えてあ

るというありさまで、すっかりお手上げの状態でした。

実生活でも受難のときでした。心霊現象のたびに寝込んでしまうのです。こういうありさまですから、警備の仕事も休みがちになります。当然、預金も底をつき、そうでなくてもお金のかかる大学を、私は退めざるをえなくなってしまいました。

私の悩みを理解してくれる人は誰もいませんでした。嫁いでいる姉に頼ることは、姉の立場を考えてもできるわけがありません。

私は、たった一人ぼっちでした。

母が案じていた通り、十八歳を境に私の人生は暗転してしまったのです。

そのうちに大学どころか、食べることもままならないようになってしまいました。復学という目標をなくした私は、抜け殻のようでした。

中学生の頃から芸術に生きようと志してきたのです。他の道を考えたことなど一度としてありませんでした。不安でした。絶望のあまり、こんな人生を私に与えた神を憎みました。私自身を呪いました。

そのとき、私に一条の光が投げかけられたのです。何かのお導きでしょうか?

新しい警備員の方が入ってこられたのでした。その方の本業は修行僧だったのです。

修行のためのお金をつくる目的で、警備員の仕事を選ばれたのでした。もの静かで温厚なその方は、S氏と言いました。そして、苦しみ悩む私を大変かわいがってくださいました。そして、私は異常ではないと励まし、他の人々には見えないものが見えるため理解されないだけなのだと説いてくださったのでした。

第二章　霊能者への道

彷徨の日々

■荘厳なる「光」のお告げ

若かった私は、修行僧S氏に巡り会ってからも、悩み続けました。苦しむ私を見かねたS氏は、尼僧の霊媒師のところへ連れて行ってくださいました。

その方は八大龍王が降りるという方で、その神からの言葉を霊言として私に出してくださいました。その言葉によると、私は因縁が強く生きているのが不思議なほどだというではありませんか。すぐさま頭を丸めて先祖を供養しろと言われたほどでした。

私は幼い頃から、祖母と寺社をまわるのが日課だったほど信仰心はありましたし、常に父母を敬っていますが、確かに先祖のことなどはあまり考えたことがありませんでした。ですから、そう言われると確かにそんな気がしてきます。

これは大変、先祖のたたりだったのか……私は単純に納得し、S氏から経本をいただくと早速、先祖供養を始めました。ところが、たどたどしく経本を読み始めた途端、窓、ふすま、ドアなどがガタガタ音をたてて動き始めました。ポルターガイスト現象です。不思議なことに、経本を読むのを止めるとおさまります。毎日、同じようなことが続きました。友人を呼び、立ち会ってもらっても、やはり同じことが起こるのです。

そのことをS氏に話すと、「御先祖が喜んでいらっしゃるのですよ」と言ってくださいました。私はこれで解放され、楽になれると嬉しくなりました。しかし、私にふりかかる心霊現象はいっこうにおさまりません。

経済的困窮状態もいっこうに良くならないのです。あらゆる苦労が、これでもかこれでもかと私を襲いました。いつしか、私はそれなら先祖に反抗してやろうと自殺まで考えるようになっていたのでした。

そんなある朝、私はベッドが揺れる感覚に目を覚ましました。目は閉じているのですが、意識ははっきり目覚めています。すると、目の前に大きなしゃぼん玉のようなものが左右に動いていました。その下に小さな人たちが、うじゃうじゃと走り回り、うごめいています。まるで何かから逃げ惑っているようです。

「いったい、これは何だろう？」

ぼんやりと考えていると、闇の中から青紫色の蛍光色の神々しい光が現われました。まるで地蔵の形のように見えるのですが、光だけなのです。そして、その光は重厚な声で語りかけてきたのでした。

「これらの人々を見よ！　お前は、これからこれらの人を救う手助けをしなくてはならない。それがお前の役目じゃ！　それがお前が生まれた目的、人生じゃ！」

そう告げると、すっと消えてしまいました。

目を開け、今のはいったい何なのだろうと不思議に思いましたが、そのときの私はその内容を深く考えてみることはしませんでした。

それどころか、「これは、私に何か悪い霊が取り憑いているのに違いない！」とさまざまな霊能者と呼ばれる人々をまわりました。

■寺坂先生との出会い

何人の「霊能者」に会ったことでしょう。霊能者と呼ばれる私が、霊能者巡りをしているというのは、今考えるととんだお笑い草ですが、そのときの私は必死でした。

しかし、霊能者といってもいろいろです。ほんの十分程度の面会であったり、ろくに話も聞かず最初から先祖供養しろとしか言わなかったり。

なぜ私が、このような生き方をしなければならないのか？

これから、いったい、どうすればいいのか？

この問いに答えられる方には巡り会えませんでした。気持ちは焦り、お金はかさんでいきました。

それでも自殺を考えるほど追いつめられていた私は、意地になっていました。そして、ついに私の人生を説き明かしてくださる方と巡り会えたのです。

寺坂多枝子先生はその頃、（財）日本心霊科学協会の講師をしていらっしゃいました。とても厳格な方で、本当の霊能者の姿とはどうあるべきか、私はこの方に教えていただいているような気がいたしました。

まず、先生は、私の父母を招霊してくださいました。先生の霊媒は非常に優れており、父母の生前の個性をそのままに現わしておられました。ひさびさの父母との再会です。父母と私にしかわからない数々の証しを前に、私は驚きと感動で涙が止まりませんでした。

母の死は肉体に無理をさせてのことであったそうで、父の死には因縁がありました。先祖に天心という名の御殿医がおり、当時仕えていた主人の命により、人に毒を盛って殺したそうなのです。その因縁が父を死に追いやったというのです。

驚きました。確かに父は薬品会社に勤め、薬害によって死んでいたのです。因果というのが本当にあるのだと思い知らされた気がしました。

そして私は、寺坂先生に「私は、なぜ、このような心霊現象に振り回されたのでしょうか？」と尋ねました。

■私の心霊現象の謎が解けた！

答えは意外なものでした。私には祓わなければならない悪霊などいないというのです。これは悪霊の仕業などではなく、私自身の霊媒体質から起こるもので、私がすべてを呼び寄せる原因であり、生まれつき持っている力のため、消すことはできないものであるとのことでした。

「それでも、このままでは、私は破滅してしまいます」

訴える私に、先生は穏やかにおっしゃいました。

「克服する道はあるのです」

そして、先生は優しく諭すように言葉を続けられました。

「人格や想念が低い波長であると低級霊に弄ばれるのです。それを高い波長に変えるのです。高い人格の者には高級霊がつき、低い人格の者には低級霊がつくのですから」

今までの暮らしを顧みて、私は深く反省しました。また、私には行者の霊がつき、私を守護し導いていると教えて下さいました。

その名は昌清之命。

戦国時代に生き、もとは京都御所を護衛しており、そののち出家して修験者になったといいます。加持祈禱により、病気を治すのが得意であったそうで、今の時代で言えば、それこそ霊能者のような仕事をしていたということです。

この霊が私に働きかけてきたといいます。私の霊能を使い、世のため人のために働かせたいと思っているのだと。これは私には思ってもみなかったことでした。

今の苦しみから逃れたければ、人格を上げ霊能をコントロールできるように開発しなければいけないというのです。そして、せっかく授かった力であるからこそ、人々のために使わなくてはならないと、私が考えてもみなかった道を示すのでした。

本当のところ、そのときでさえ、私が霊能者になるとは思えませんでした。私のなかの霊能者と言えば、テレビによく出てくるおかしな人たちの悪いイメージしかなかったのです。

しかし、昌清霊が現われ、私にこう告げました。

「霊能開発のためにまず身体を整えよ。そして力を養い、知能も人格も霊能者たる高尚なる発達に向かうべし」と。

半信半疑でいた私ですが、納得させられることがあまりにも多いのです。たとえば、私が警備員の仕事を選んだのは、昌清霊も護衛の仕事をしていたからなのです。

また、私が美術の道を志していたのは、昌清霊も絵が好きだったほかに、美術は感性を磨き、集中力を身につける精神統一の修行ともなったからだそうです。

私は声楽が好きで、高校時代は先生について習っていました。しかし、それも昌清霊が呼吸法を身につけさせ、霊能開発をさせようとしたものだったのです。

私が苦しみ悩んでいた間、守護霊たちは私を教育していたのです。しかし、私は、まだ運命を受け入れられないでいました。

そんな私に寺坂先生は、W先生のところへ行くようにと告げました。

「W先生のご指導にあなたを委ねてみたらどうですか」

私は、W先生のもとへ向かいました。

W先生は私を視るなり、「ああ、あなたの背後に行者の霊がいますね。霊的資質があるので心霊の道に進んで人のお役に立ちなさい」とおっしゃいました。その霊査はすべて寺坂先生と同じだったので、私は驚きました。

W先生は続けて、「あなたはテレパシーが強いので、心霊治療に向いていますよ」ともおっしゃいました。

■シルバーバーチの霊訓

それでも霊能者として生きる決心はまだつきかねました。今までのおいたちを見つめながら、なぜ自分がこんなに辛い目に遭わなくてはならないのか、なぜ霊能の道を歩まなくてはならないのかと、疑問に感じながら毎日を過ごすなかで、私は一冊の本に出会いました。

それは、シルバーバーチの霊訓でした。これは、イギリス人のモーリス・バーバネルという人が霊媒となって、シルバーバーチというインディアンの通信霊を使って霊界が人類に送ってきたメッセージを紹介した本です。それには人はどう生きるべきかという教えが書いてありました。感動しました。

それには、世の中には決して偶然はないということが書かれており、私は自分の今までの人生に起こったこととの意義が、この本を読み進むうちに理解できるようになっていきました。

すべての出来事には目的があり、また自分はその目的を達成すべく生まれてきたことを初めて悟りました。再生のこと。因果律のこと。初めてすべてが理解でき、涙をこらえることができませんでした。

それまでの人生のなかで、私はいつも自分自身に問いかけてきました。

人は、なぜ、生まれてくるのでしょうか?

なぜ、不幸な人と幸せな人がいるのでしょうか?

本当の幸せとは、いったい、どんなことを言うのでしょうか?

私はそれまで、世の中は不公平だ、そして神さえも不公平だと思っていたのでした。

その一冊の本が、そんな私にすべての答えをくれたのでした。そして、私は決して孤独ではなく、霊界に支えられて生きているのだということを教えてくれたのです。

霊界の期待を担って私は今、この人生の目的・カルマを持ちながら生きている、そう思うと感謝の気持ちがあふれてきました。

私の意識は変わっていきました。私は改めて、天地不変の法則を見つめ直しました。これも、死後も個性は永遠に存続し、再生を繰り返し、霊性の進化向上を目的とし生きるという、神界・霊界の法則です。

「それならば、私は真理の道を歩いていこう」

私は、そう思いました。

しかし、このように決心したところで、現実は厳しいものです。いかなる職業につくかがまず問題となりました。

この世の「使命」を求めて

■滝行で霊体質がプラスに転じた！

道は定まったとはいえ、本当の自分の進むべき方向を見定めるには多くの時間がかかりました。

私は寺坂先生のすすめもあり、私自身の指導霊と同じ修験道に進むことにしました。

「今の日本では、残念ながら霊能者という職業は社会的に認められていませんからね。法律の面からも自分を守らなくてはいけませんよ。しっかりとした自分の職業を持っているのといないのとでは、社会的信用が違います」

寺坂先生は、霊能者を今までの神秘的なだけの存在から、アカデミックな存在にまで向上させたいとお考えでした。

「そのためには、熱心に心霊研究をしていかなければなりません。そうは思いませんか?」

私は、先生の考えに共感しました。

そこで、ある寺に通いながら、寺坂先生と共に歩むことにしました。私は毎日、寺での修行をこなしながら、(財)日本心霊科学協会の精神統一会や、師の主宰する清玲会などに通いました。

そして、生業のために警備員のアルバイトを続け、今思えば感心するほどのハードな日々でした。

真理の道を求める心がそうさせたのでしょうか。何かに後押しされているようでした。寺での修行は真剣でした。霊媒体質の私は、御札のおたきあげをすれば寝込む、寺というものの性質上、少しでも気を抜けば寝込む、といったつらさのなかで頑張り続けました。

また、若い世間知らずの私は対人関係にとても悩みました。しかし、住職は人格も申し分ない方でしたし、御家族の方々にはとてもかわいがっていただきました。

そんな幸せのなかで、なお、いくつかの疑問が私を襲いました。仏教の考え方と、心霊科学からみた思想とのギャップには、私は常々疑問を感じていたのです。

そして、寺の内情を深く知るにつけ、その迷信的な生き方、現世利益を考える人々を相手にするやり方についていけないものを感じてしまったのです。

私は、ここには自分の道はないと、寺を離れる決心をしました。温かく受け入れてくれた寺を出て、私は行くあてもなく考えました。

「私の本当に進むべき道はどこにあるのだろうか」

そして、また寺坂先生のすすめもあって、指導霊・昌清之命が現世において行っていた滝行に挑むことにしたのです。

実際には、滝行は大変な危険を伴うもので、誰にでもすすめられるというものではありませんが、私には素晴らしい自分だけの行となりました。

夏の日も冬の日も毎日のように山に出かけて行きました。アルバイトと心霊研究、霊能開発、そして滝行の日々です。私はこの滝行によって憑依体質を克服できたのです。ずっと悩まされていたこの霊体質をマイナスからプラスへと転化できたのです。私は背後霊たちと一体になれるようになっていきました。

この滝行によって、昌清霊たちとの交信がスムーズに行えるようになったのです。自らの意志で霊たちと会話し、自分を守ることもできるようになりました。また、霊能を使うとき、使わないときの切り替えが習得でき、少なくとも霊現象については、どんどん楽になっていきました。

二年ほどかかったでしょうか。毎日、毎日通い続けたのです。それからも霊的バランスを失いそうになると、私は滝行に通いました。

■ひもじさと孤独に泣きながら……

霊能が向上するそんな素晴らしい日々のなかにも不安はありました。それはやはり経済面や現世においての立場でした。

成人になってからも定職がなく、今で言うフリーターの傍ら、滝行と心霊研究という、なかなか人には理解されないことをやっているのです。

他人から見れば、ずいぶん自堕落な生活に見えたのでしょう、よく周囲の人たちから注意を受けました。かつての私の友人、同級生などのなかにも、私の生き方を批判し、見下し、哀れむものも現われました。

「親もなく、独りぽっちで暮らしているから、あんな人間になったのさ」

「あんなのを常識馬鹿の成れの果てというんだ」

背中を向けて去って行く友人、知人も一人や二人ではありませんでした。

しかし、私にはどうしようもなかったのです。私は私なりに、自分に正直に生きてきたのです。母を思い、母の言葉を思い出しては、自分を叱り、山も谷もこれが私の道と忠実に歩んできたのです。

「お前は十八歳までは守られる。それから先、お前にはいろいろなことが起こる。でも、決して負けてはいけないよ」

苦しい息の下から母が言った言葉通り、試練の日々は続きました。

そんなある日、私は滝行である男性と知り合いになりました。私が霊視ができることを知って、その人は急に親しげに近寄って来ました。

「あんた、そんな力があるなら、プロになったらどうだい？　協力するよ」

その人は家の一部を提供してくれるというのです。友にも去られ、温かい心に飢えていた私は、その話を甘んじて受けてしまいました。しかし、それが大変なこととなってしまったのです。

その言葉を信じて、霊能者としての相談を始めた途端、私はとんでもないことになったと気がつきました。その男は定職も持たない人で、私を商品として一攫千金を狙っていたのでした。

確かに部屋は提供していただいたものの、お金は一銭も頂けません。そのうちに預金も底を尽き、地獄のような日々が続きました。

それでも、相談者にいい加減なことを言うなど私にはできません。一生懸命受けました。相談者はきっとお金を払い、藁にもすがるような気持ちでここに来たに違いないからです。

どんなにいやでも、間違っている道でも、そのときの私には頼る者もなく、身動きがとれませんでした。食べる物を買うお金もありません。頂いたものを少しずつ食べていました。

ある大雪の降る夜のことは、今でも忘れることができません。食べられるものといったら、頂いた素麺だけ。それを茹でて、つゆさえないので、そのまま食べて飢えをしのいでいました。ストーブの灯油を買うこともできず、鍋に湯を沸かしては暖をとって過ごしました。

ひもじさと孤独に、私は泣きました。

「こんな夜、私と同じ思いをしている人が他にもいたら気の毒だなぁ……」

私は、いつの日にか、そのような人々と貧しくても心温まる暮らしがしたいと心から願ったのでした。

守護霊というものを理解していない人たちはよく、「なぜ霊能者なのに守護霊が助けてくれなかったのでしょうか？」と私に尋ねます。

しかし、守護霊は魔法使いではありません。私たちの願いをいつも聞いてくれるわけではないのです。

いわば、私たちの教育係なのです。親以上に厳しい「霊（たましい）の親」なのです。したがってこの子のためならば、崖から突き落とすことさえあるのです。

とはいえ、私はそのときは霊に対して恨み事を言ったのでした。

「私は清くあれと心がけ、人のためをも考えて生きてきたつもりです。今なぜ、このような試練をお与えになるのでしょうか」

その答えはこうでした。

「今、ぬしに答えを出すのは簡単じゃ。しかし、それはぬしのためにならぬ。そんなことをしたら、ぬしの人生はぬしのものではなくなる。自らの意志で進むべし。ぬしはまだまだ若い。安心して一から始めよ」

　私が頂いたのは、このような言葉だけだったのです。辛く、苦しい生活でした。若気の至りとはいえ、天をも恨みました。

　同じ年の若者たちはみな、輝いて見えました。青春など私にはありませんでした。何度も自殺を考えました。しかし、このような辛い日々のなかにも、温かい心の出会いはあったのです。くじけそうになるたびに、温かい人たちに助けられました。私は弱い私の心を恥じました。

　騙されたかもしれない。喰い物にされたのかもしれない。しかし、私を利用しようとしたその男性との出会いは、私に人の心の怖さと優しさを教え、私自身を鍛えてくれたのです。

■自分に懸ける

　私は霊能者佐藤永郎先生を訪ねました。何かに導かれるようでした。心の内から、教えを受けたいという気持ちが沸き上がってきたのです。佐藤先生は私を見るなり、温かく迎え入れてくれました。そして、こうおっしゃったのです。

「あなたは幸せな人だねぇ」

戸惑う私に、佐藤先生は続けておっしゃいました。

「金もなく貧しい。でも、神にかわいがられている。喜んで神にすべてを差し出しなさい。守ろうと思ったらダメですよ。神を信じていないことになってしまうからね」

この方も私の背後にいる昌清霊のことを教えてくださいました。

「あなたの背後には立派な僧侶がいらっしゃる。この方が、あなたを導いている。あなたの今後の指導も計画しておられるね」

佐藤先生はまた「あなたからは金は取れないよ」と、私をよく助けてくださいました。

私は、佐藤先生との出会いによって決心をしました。自分をほうり出してみて、乞食になるならなろうと。自分に正直であろうと。

「背後霊たちが私を鍛え、導いているのだ。きっとなんとかなる」

私は自分に懸けてみようと思いました。

もう一人の恩師、寺坂先生からはお叱りを受けました。

「霊格、イコール人格なのですよ」、霊能者たるもの人格者であれと。

私は、自分の甘さ、世間に対する無知を思い知らされました。二人の師の言葉に、私は旅立ちの決意を固めました。

しかし、相手は私を利用したいという考えに取り憑かれています。いくら話し合っても、感情的になるばかりでした。それどころか、私に競馬の予想をさせようと、そればかり考えているのです。

私はなんとしても、ここから逃れなくてはと考えました。ある方々の助けがあり、また姉の援助も借りて、私は夜逃げをするようにその男性のもとから脱出しました。

「きっと、追ってくるに違いない……」

私はそんな気持ちで、その場所を後にしました。

■「この世の神」に教えられる

私は寺坂先生の助言とある方の援助により、神社に奉職させていただくことになりました。そこでは宮司様をはじめ、神社の皆様によくしていただき、国学院大学の夜間コースに神職の資格を取るために入学することができました。

私は以前に、神職の最低の資格は取得しておりましたので、スムーズにことが進みました。とはいえその当時、私にはまったく預金がありませんでした。

奉職させていただいたものの、私は学校に行かせていただいている身です。実習生ですから、当然収入は多くありません。ましてや学生。何かとお金がかかります。

「このままでは生活が成り立たない。なんとか考えなくては……」

ここで私は一日三役をする決心をしました。昼、神社の神主。夜、大学生。深夜、心霊相談の霊能者。この生活を二年間続けたのです。しかし、睡眠時間もろくにとれないような、こんな生活が長く続けられるわけがありません。

よくダウンして宮司にもお叱りを受けました。本当に迷惑のかけ通しでした。しかし、こんな私を大切に思ってくださる方々のお力で、心霊サークルもでき、ハードな日々でも充実していました。

また学生という立場を持てたからでしょう。若者らしさを取り戻せた私は、久し振りに人生の楽しさを感じることができました。

日々はあっという間に過ぎて行きました。

そして、卒業が近くなった頃。私は卒業したら神職という安定した職業を持ち、余暇を活用して心霊相談をしていけたらいいと考えるようになっていました。世間なみの暮らしに強く憧れたのです。そして結婚にも…。

いつしか私の心は、最初に志した心霊の道から離れていきました。しかしそれに反比例するように、心霊相談は増えていきました。クチコミによって増えていったのです。

私は正直なところ、困惑しました。

「もう心霊相談はやめよう」

そう思った私に、ある方が言いました。

「今まであなたが導いてきた人たちへの責任は、どうするつもりなんですか？」

それでも、私は、考えを変えようとはしませんでした。

私は頑固に心霊相談をやめることに固執していました。その年の秋も深まった頃。七五三をむかえて、境内はかわいい子供たちであふれていました。

私は例年のようにお祓いと祈願を行っていましたが、ふと一人の子供に目が止まりました。はなやかな子供たちのなかに、かわいらしく着飾ったダウン症の女の子がいます。ダウン症の子供は心臓などに故障があることが多く、平均寿命もかなり短いと聞いています。

七五三とは子供の成長に感謝し、ますます身体健全と成長を願う儀式です。私は強く頭を殴られたような気がしました。この場で私ができることと言えば、ただ一日でも長く生き、この世の修行を終えられるように祈ることだけなのです。祭神の前に立ち、立派な衣装を身につけ、なんという高慢な姿をしているのかと。

私はこの子に教えられました。この女の子は私にとってこの世の神だったのです。それ以来、私は何を見ても苦しみました。大学に行って、まわりを見渡せば、なんの自覚もなく遊びほうける若者たち。何もわからぬから罪はないのだと思いつつも、疑問を感じました。街を歩く人を見ても、このなかに真の生き方をしている人があるのだろうかと疑問を感じました。今、宗教は何ができるのでしょうか？　人々は飢えているのに。食べ物ではなく真理に。

だからといって、私は何かをする自信などありませんでした。私にできることと言えば、心霊相談を受けることだけ。しかし、それを続ける自信さえ、当時の私にはありませんでした。

恩師の寺坂先生は、心霊の道は人生勉強をして、四十代以降から始めるのが一番良いと常々おっしゃっていました。また、早くから始めれば高慢にもなり、道を誤りやすいと。私はそう教えられてきたのです。

相談にいらっしゃる方々は心からの救いを求めているのです。私は悩みました。

私には、心霊相談を受けられる力が本当にあるのだろうかと…。

■私の誓い

悩みながら卒業に向けて過ごしていたある日。私はアパートの自室でレポートを書いていました。深夜、テレビから流れてくる言葉にふと、私は耳を傾けたのでした。

「ああ、宗教映画だったのか…」

そう思いながら眺めているうちに、私はいつのまにか引きずり込まれていきました。

私は、その映画に天の声を聞いたのです。

「ブラザーサン　シスタームーン」

翌日、私は、ビデオを借りてきて、何度も繰り返し観ました。涙がとめどなく流れました。この生き方だったのです。私が求めていたものは。

私はあらためて、これまでの人生を振り返りました。霊界に、寺坂先生に、佐藤先生に、そして私と縁あった多くの人々に導かれた人生を。

考えてみれば、私は自分自身の力で生きたことなど一度もありませんでした。知恵がなくても、お金がなくても、親がなくても、私は霊界、恩師、多くの人々のおかげで生かされてきたのです。

そして貧しさ、病苦、孤独と、短い間ではあったけど、苦しんでこれたのです。私は初めて、これらが天からの贈り物であったことに気づきました。

なぜなら、これらがあってこそ、私は初めて人の心を理解できる心の目を得られたのですから。私のしてきた苦労など、苦労のうちに入らないかもしれません。しかし、この経験のなかから、すべての人を愛することに近づきつつある自分を発見できたのです。私は何度も自殺を考え、死のうとしました。ですから私はもういないと考えました。

今、生かされている人生は、もう私のものではなく天のものです。私はもう、霊界の道具にすぎないのです。道具に我はありません。これからの人生、霊界に望まれたことは素直に受け入れて生きようと思ったのです。

「この考えは高慢ではないか、そして誤りはないか？」

教えを受けたく、私は佐藤先生を訪ねました。佐藤先生は、にこやかに私を迎えてくださいました。

「良かったよ、江原さん。あなたが神職になるのではないかと心配していましたよ。よく決心をしましたね。しかし、心霊の道に生きるとき、霊能もあなた一人のものではありません。ですから、せっかくのものを、人のために使わないのでは利己主義でありますぞ」

そして、自分がまだ未熟であることの不安を訴える私に、

「完全を望んだら、一生涯できないでしょうね。私たちは霊界の道具として霊界の声を伝えていきましょう。あなたが今の心を忘れない限り、間違った方向へ行くことはありませんよ。あなたは私より大きくなる」

と、もったいないお言葉まで頂きました。

私は闇からの声を聞いた十八歳のときの霊視を思い出していました。このとき初めて、その言葉の意味がはっきり受け入れられたのです。卒業後、私は迷惑をかけ通しだった神社をなんの恩返しもできぬまま去りました。新しい人生を始めるために。

私は、空に向かい話しをしました。

「神様、あなたは金色に輝く高価な寺や神殿よりも、そのお金を人のために役立てたほうがうれしいですよね！　私が立派な衣を着て人々に敬われるより、ボロを着ていても人に与える人生を歩むほうがうれしいですよね！」と。

私はこの言葉の人生を生きることを誓いました。

聖フランチェスコの祈り

主よ、貧困と飢えの内に生き死ぬ世界中の同胞のために働く私たちを、
　そのことにふさわしい者にしてください。
私たちをあなたの平和の道具としてお使いください。
憎しみのあるところに愛を
争いのあるところに許しを
分裂のあるところに一致を
疑いのあるところに信頼を
誤りのあるところに真理を
絶望のあるところに希望を
闇に光を
悲しみのあるところに喜びを
　もたらすものとしてください

慰められるよりは慰めることを
理解されることよりは理解することを
愛されるよりは愛することを
　私が求めますように
私たちは与えるから受け
許すから許され
自分を捨てて死に
　永遠の命にあずかるのですから

このような生き方を経て、私は現在に至りました。今、私は霊能者として生きています。しかし私の目標は、夢は、どんどん広がって大きくなっているのです。

現在、日本の心霊レベルは、欧米諸国に比べると五十年は遅れていると言われております。私はそれを確かめるために、また研究と学習のために、毎年スピリチュアリズム（心霊主義思想）発祥の国、イギリスに行っております。

イギリスの霊能者たちは、まさに技術者として確固たる地位を築きつつあります。特にヒーリングについてはその認知度は高く、イギリス全土の約千五百病院によってヒーラーは受け入れられており、いつでも希望すればヒーリングを受けることができます。また、職業的ヒーラーも約九千人いると言われています。この国には心霊に関する団体、組合のほか、心霊学校まであり、心霊王国とも言えるアカデミックな研究がされています。

イギリスでは、日本のように現世利益の色濃い心霊相談などあまりなく、霊能者は死後の世界を証明するデモンストレーターの役割が強いのです。

こと心霊に関する限り、日本は困ります。霊能者についても霊界の道具ではなく神だと思っている方も多いのです。そして、一宗一派にこだわり、我欲の限りをつくしている人がいかに多いか。

私は正しい心霊知識を広める急務を感じております。そして、いつか彼の国のように、日本でも霊能者たちが横のつながりを持ち、共に世のため人のためにと、神の道具として真理を人々に伝えられる日の来ることを、また天と共に幸せを分かち合える日の来ることを、心から願っているのです。

私は、スピリチュアリズムを通して霊的真理を普及いたします。

第一に大切なことは、人間は霊であることを知ることです。人は死んでも、霊魂となって生き続けるのです。これは不変不滅の真理です。

ですから、この事実を人類のすべての人に知ってもらう、このことが一番大切なのです。なぜでしょう？

それは、この根本の事実を知ることがなければ、個人も人類も絶対救われることがないからです。

特に死の恐怖、死別の悲しみ、人生に不幸を感じるという人間最大の三つの苦から救われることはありません。

人間が肉体のみの存在であるとすれば、他人と自分はまったく別のものということになります。それゆえ、衣食住のどの一つをとっても、他人に与えれば自分が損をするとしか考えられないのです。

それゆえ、幸福もまた物質的・肉体的なものに限られてしまうのです。しかし、もし個人も人類全体も幸福になりたかったら、人間は必ず、霊の人生観に立たなければならないのです。

そして、その真理は道徳や宗教等からだけではわかりにくいのです。

人間は魂の価値観を持たなければ、物質主義的価値観・利己主義、すなわち不幸の生活原理しか出てこないのです。

霊の本当の知識が人間に広がれば、ここで初めて物質・肉体よりも心・精神を大事にするようになるでしょう。

愛と奉仕の霊的価値観、すなわち幸福の生活原理を得ることができるのです。

世界人類はすべて神の子、霊的な兄弟姉妹です。私たちは神の血縁で結ばれた一体のものなのです。そして、私たちはみな、永遠に進歩向上の途をたどり、宇宙の万有は因果律の支配を受けるのです。

私は今までの人生のなかで、これらのことを学びました。そして、実践と普及の道を進むことが私の使命だと思っています。

人はよく、理想主義者は現実主義者ではないと言いますが、私はそうは思いません。あくまで善なる良心のなかで良いことは良い、悪いことは悪いと素直に感じ、実行すれば良いのですから。

実際に、私の理想を行っている方がいらっしゃいました。マザーテレサが、その方です。

マザーテレサはおっしゃっています。

「主義、主張、文化が違っていても、愛にはまったく関係ありません」と。

私の最終的な目標は、心霊が真理であると理解されることです。そのとき、私は霊能者という名称を捨て、愛と奉仕のみに生きることができるでしょう。聖フランチェスコやマザーテレサのように。

今、私は霊能者として暮らしています。心霊によって生業を立てているわけです。

しかし、私は利益を求めているのではないのです。将来は孤独や病に悩める人たちのために、人間らしい愛を奉仕する施設をつくる糧にしたいのです。

求道者として生きる以上、私の考えも変わりゆくかもしれない。しかし今、私はそう思います。

そして、最後に、私は言いたいのです。

心霊は、「非科学ではなく、未科学なのだ」と。

第二部　魂を救済する「心霊真説」

第一章　生きる

現世を生きるあなたへ

■私たちは決して孤独ではない

混迷の時代と言われています。キリスト教で言う「黙示録の時代」、仏教で言う「末世の時代」だとも言われます。

確かに多くの人が、心に漠然とした不安を持って生きているように思えます。バブル経済の崩壊により、それまで確固としてあった経済の繁栄こそ、幸福に通ずる道といった価値観も音をたてて崩れていっているかのように思えます。

企業のリストラで職を失う人。窓際に追いやられる人。過剰消費にかまけた後遺症に悩む人。そして、もののけがとれたかの如く、剝きだしとなった家族が、互いに向き合ったときの空虚……。自分は、いったい何をしてきたのだろう。人生って、何だ……。鋭い刃となって、心の空虚に突き刺さる幾多の問いかけの前に、今、多くの日本人が困惑し、苦悩しているのではないでしょうか。

とりわけ、少年少女たちの苦悩は深い。いや、彼らは、苦悩と言うことにすら気づくことなく、愛に見放された子犬さながら、偏狭な好奇心の命ずるままにうごめいているかに見えます。そんな彼らに、私は、あえて問いたいのです。

孤独ではありませんか？

心から愛せる何かがありますか？

あなたがここに「在る」ということを考えたことがありますか？

私は、一九八六年、東京にスピリチュアリズム研究所を開設しました。この研究所は心霊相談とヒーリングを通じて、ハイパースピリチュアリズム（超精神世界との邂逅）を学び、理解することを目的として設立されました。

ところがここ数年、私には気になって仕方がないことがあるのです。それは研究所を訪れる人の多くが、みな深い孤独感や不安にさいなまれ、傷ついているのです。

まだとても若いのに「どうせ私なんか生きていたって仕方がないんです」とか「人生

なんてつまらない。死んだほうがましです」などと口走る。

このような人を前にしたとき、私はいつもこう問いかけます。

「あなたがここに在るという理由を考えたことがありますか？」

私たちは決して不幸になるために生まれてきたのではありません。私たちの人生は、私たちだけのものではないのです。

そして、意外に思われるかもしれませんが、私たちはどんなときも決して孤独ではありません。どんなときでも、私たちのことを見守り、愛し、導き続ける存在が確かにあるのです。

そのことをお話ししたいと思います。

まず、皆さんに知っていただきたいこと…。それは、人間は肉体を持つ霊魂であり、あなたもその一人だということです。

そしてもう一つ知っていただきたいことは、皆さんがここに存在するのは、多くの先祖からの霊の連鎖によるものであり、あなたを守り、教え、導く守護霊が、いつもあなたと共にあるということです。

そうです。人間とは肉体だけの存在ではなく、肉体と霊魂からできているのです。人は死んでも霊魂は生き続けます。

もし、あなたが人生がつらくて不幸なものだと考えているのならば、このことを知ることは、あなたが生きていくうえで大変重要なことなのです。

確かに人間が百年足らずで消滅してしまう肉体だけの存在だったら、人生はつらいものかもしれません。どんなにまっすぐに生きようとしても、どんなに一生懸命に生きようとしても、すべては肉体の消滅とともに無に帰ってしまうのですから…。

極端な話、人を傷つけ、やりたい放題に生きたほうが幸福に思えるかもしれません。自分のことだけを考え、他人からは奪うだけの人生のほうが最上ということになってしまうでしょう。

この世界が物質のみの空間と時間で支配されているとするのならば、幸福も物質的・肉体的なものに限られてしまうのは当然のことです。

しかし、この世界にある物質はすべて有限です。有限のものを中心に幸福が存在すると、その幸福も有限なものになります。その結果、有限な幸福を求める略奪戦が人々の主目的となってしまいます。

あなたとはまったく関わりもない、あかの他人はもちろんのこと、隣人に対しても、衣食住から五感六欲（食、性、名誉、睡眠…）についても、騙し、奪い、あるいは殺してでも他人を出し抜くことが喜びとなってしまうでしょう。目に見える物質のみに価値があるという考え方をするならば、人に与えることは自分が損をすることにほかならないのです。

このように人間が物質のみで構成されるという考えからは、当然刹那的な利己主義しか出てこないのです。しかし、現代ではこの経済（物質）至上主義がもてはやされているというのが本当のところでしょう。そして、そのなかで、とりとめのない孤独感や不安にさいなまれ、強いストレスによるノイローゼに陥ったあげく、自殺にいたるケースも多いのです。

誰もが漠然とした不安をぬぐいされないでいる。だからこそ、目に見えるもののみにすがろうとする。

このため人は人に優しくすることができなくなり、思いやりも愛もなくなります。こうして、個人ばかりでなくすべての人々を不幸にする「不幸の生活原理」のみが幅をきかせてしまうのです。

しかし、この考えは間違っているのです。人間は肉体を持った霊だからです。私たちの霊は無限に続いているのです。肉体は滅び、消えてしまってもなお、私たちの魂は生き続けていくのです。今あなたがどんなに肉体を飾ろうと、そんなものは肉体が消滅すればはかないものです。

皆さんがこのことを知ることによって初めて、そこから精神（心）こそが、もっとも大事なものであるという考え、在り方への転換が可能になるのです。

物質的な喜びは束の間で空しいものです。

私たちがこのことに気づくとき、私たちの人生は変わります。人々は奪い合う相手ではなく、共に生きる魂の仲間となるのです。

心に愛を持ち、他人を思いやり、人のためにも生きられるとき、どんな宝石よりも私たちの気持ちは輝きます。

この皆さんの気持ちが、経済至上主義という物質信仰によって痛めつけられ、壊れかかった世界を救う唯一のものなのです。

■私たちは、この世に再生した「魂」

私たちがこの時代、現代に生まれて生きているということは、決して偶然ではなく、大変重要な意味を持っているのです。

私たちはどこからやって来たのでしょう？　答えは霊界にあります。

私たちは霊界からやって来たのです。

この現世を修行の場として選んだのです。私たちはみな、自分の魂を見詰め、磨き直すという人生の大きな目的を持って生まれてきます。そして、私たちがこの時代に生まれてきたことは、私たちがこの時代と深い関わりを持っていることなのです。

私たちはこの世に再生（霊界へ帰った霊魂は、未浄化の部分を解消するために再び地上に生を受けようと決断し、生まれ変わる。これを再生という）されてきた魂です。霊界から地上に再生されてくるために、私たちは強い決心をしたのです。

私たちは霊界から魂を分けて、自らの目的を果たすため一番ふさわしい親を選び、国を選び、時代を選んで生まれてきました。

経済的物質的には他に類を見ないほどの繁栄を誇る時代。しかし、現代は同時に、精神や環境さえ蝕む危機の時代でもあります。

地球崩壊の危機さえある現代。

私たちはこの現代を、霊の修行の場として選んで生まれてきました。私たちは地球を変えようという志しを持って生まれてきたのです。

この強い意志によって地上に再生した魂が私たちなのです。

この世というのは、霊魂にとって厳しい修行の場にほかありません。豊かな国、貧しい国、良い人、悪い人、善悪いろいろなこの世界で自らを鍛え直す、その目的を果たそうという強い決意があって、あなたは今、ここに在るのです。

ですから私たちは、この人生を無為なものにすることなく、自分の魂の目的を果たさなくてはなりません。

魂の目的とは何でしょう？

ここに百人の人がいれば百の目的が、千人の人がいれば千の目的があるのです。

たとえば、以前の人生で人を愛することなく人生を終わった人は、この今の人生で人を愛する喜びと苦しみを学ぶのです。もし人を傷つけ、苦しめてきた人ならば、この今の人生では傷つけられ苦しむということを学ぶのです。

そして、霊として、苦しみ試行錯誤しながら心の正しい在り方を学びます。私たちは、一人ひとりの目的を達成することで、真の幸福とは何かを学ぶのです。

そうです。人間が肉体だけの存在ではなく霊である以上、真の幸福は物質的なところには決して存在せず、心（たましい）の原理「愛＝他利＝奉仕」にのみ存在します。

人々がみな幸福になるように、世界が本当によくなるように、すべての人が願って生きられるとき、初めてあなたの真実の幸福がやってくるのです。

なぜならば、世界のすべての人々は霊によって結ばれた兄弟姉妹であり、一体のものだからなのです。

人はこれを知ることによって、はじめて他人に献身し奉仕できるのです。そして他に与えたと同じだけのものが、必ずあなたに返ってくる。これが自分の幸福につながり、進歩につながるのです。

これは、あなたの魂の最終的な目標であり、心霊哲学で言う「霊性進化」ということです。今、この人生を投げ出さず精一杯生きる。これが私たちが果たすべき人生の使命なのです。

■毎日の心がけこそ幸福への鍵

人生に絶望したといって、人生をあきらめてしまったらどうなるのでしょう？　あるいは命を絶ってしまったら？　私たちは幸せになれるのでしょうか？

いいえ、私たちが幸せになることは決してありません。

この世での人生の目的をまっとうできなければ、より厳しい人生をやり直さなければならなくなってしまうのです。

そのために知っていただきたいのが「波長の法則」です。

心霊科学では、人間の想念がいろいろな波長を持つということを確認しています。そしてまた霊も想念であり、ある意味では非常に電波と似ていると考えられます。目には見えないけれど私たちの周囲にたくさん存在するのです。そして霊もまた、いろいろな波長を持つことが確認されています。

あたかも周波数が合えばその電波をキャッチできるように、人間が出す波長が霊の波長と合ったときに、その霊の影響を受けるわけです。

明るく、前向きで志しの高い波長を持つ想念はお互いに同調し、自己本位で後ろ向きな低い波長を持つものもお互いに同調します。そして死後の世界もまた、波長によって分かれる一種の階層世界だということがわかっています。

高い波長の霊は高い階層へ、低い波長の霊は低い階層へと移動して行き、また無限に続く霊性進化への道を歩むのです。

では、どのみち無限に進化しなくてはいけないのなら、現世の百年くらいの人生は気楽に、いい加減に生きてもかまわないのでしょうか？

霊になってやり直しをすればかまわないのでしょうか？

そう考える人もいるかもしれませんが、そんなことはありません。

なぜならば、人間の心の働きと霊との間には深い関係が存在するのです。

たとえば、あなたが高い波長を持つことができれば、同じように高い波長を持つ霊と同調し、実際の生活も好転させていくことができるのです。

では逆に、人間が悪い想念を持つとどうなるのでしょうか？

この場合は、波長の低い、いわゆる低級霊と同調してしまいます。こうなると、霊の作用は悪いほうにばかり働きます。

現実の生活も幸せとは言いかねるものになってしまうのです。

おわかりになったでしょうか？

私たちの毎日の心がけが、あなたの人生の幸福の鍵なのです。

現世の生活もまた、心のありようによって変わってくるのです。

では、あなたの人生の価値とは、意義とは何でしょう？

それは、あなたが自分という魂を見据え、目に見えるものや欲ばかりに惑わされることなく、「愛＝他利＝奉仕」に生きる、より高い想念を持ち、精神や魂の喜びを自らのものとしていくことにほかならないのです。

自分が霊であることを知ることは心を知ることです。

心を知り、自らの魂を磨いていく。

これこそが、人生の最大の意義であり、あなたが負うべき義務なのです。

あなたがこのことを知り、暮らしていくのなら、あなたの幸せは案外近いところにあることに気がつくかもしれません。

死後なお、あなたは生きる

■霊は決して怖くない

人間はいつか死にます。しかし、死後の世界は存在します。私の体験をもってみても、死後の世界は確かに存在するのです。

そして死後、個性は永遠に存続します。すなわち、霊の存続です。

あなたにも霊はあります。なぜでしょう？　それはあなたも霊だからなのです。

心霊現象を起こす霊と、私たち人間との違いはどこにあるのでしょう？　どこにもありはしません。何も変わりはないのです。

ただひとつ、違っているのは、私たち現世の人間は肉体を持っているということだけなのです。私たちは肉体を持った霊魂なのです。

そして、心霊現象ブームによって取り上げられている霊とは、私たちと同じ、肉体を捨て霊だけになった人間のことなのです。

霊は怖いものだと説く霊能者もいます。

あなたもそう考えているかもしれませんね。

しかし、そんなことはありません。すべての霊が人に災いをなすなどということは決してありえないのです。私は霊を怖いなどとは思いません。むしろ、いとおしく思います。

それは私たちと同じ心を持つ人間だからなのです。霊能者という立場から私はよく皆さんに申し上げるのですが、生きている人間と死んだ者の霊魂では、私は生きている人間のほうがよほど怖いものだと思います。

なぜかと申しますと、霊はとても正直だからです。霊は生きている人間よりも、もっともっと正直です。自分の心を素直に、むきだしに現わします。喜怒哀楽、執着、すべてを露骨と言っていいほど正直に現わすのです。

私たち生きている人間の方が、よほど心を表には出しません。あなたの親友があなたを嫌っていたり、あなたの隣の人が犯罪を考えているかもしれないのですよ。恐ろしいではありませんか？　私に言わせれば、生きている人たちのほうが何を考えているのかよくわからず、怖い存在だと思います。

そんなわけで、私は霊魂となった人間のほうがとてもいいとおしく思えるのです。皆さんが恐ろしがっている霊は、とても素直な人間の心そのものなのです。決して誤解してほしくないのです。

霊はすべて恐ろしいものではなく、また悪人ばかりでもないのです。生きている人間だって善人もいれば悪人もいます。霊もまったく同じなのです。生きている人間が悪人ばかりではなく、善人のほうが多いのですから、悪人と呼べるような霊もまた少ないと思います。

ただ、とても正直に感情を現わすだけに、恐ろしいと思われることもあるかもしれません。それでも私たちは霊をやみくもに恐れてはいけません。皆さんが霊を恐れるということは、皆さんも死後、生きている人間に恐れられるということです。

皆さんが肉体を捨てた後に、恐ろしいと思われたくないという気持ちがあるのならば、霊を恐ろしがってはいけません。正しい霊の知識を学んでください。

■「魂の緒」でつながれる肉体とオーラ

人間は肉体とエーテル体と呼ばれる幽体、霊体、本体から成り立っています。このエーテル体とはオーラとも呼ばれます。オーラは人間の心境、感情、健康面を如実に現わします。

よく健康であるときと不健康であるときには肌の色艶が違って見えますが、これと同じことが、あなたの目に見えなくてもエーテル体（オーラ）に起こるのです。

健康な方はとても明るくきれいなオーラを持っています。私には赤や黄色等に見えています。それにひきかえ、不健康な方のオーラはグレーにくすんで見えたりします。

このオーラは幽体ですから、死んだ肉体にはありません。

また、オーラは感情をも如実に現わします。人が怒りに燃えているときには、真っ赤に燃え上がります。しかし、それは透明感のある赤ではなく、どす黒いと言ったほうがいいような色をしています。

また、正義感に燃えているときのオーラは同じ赤でも美しく、あかあかと放たれています。よくお寺などで不動明王の像を見かけますが、この不動明王の背後にある火炎がこのオーラを表現したものです。

邪悪な魔に対し立ち向かう不動明王の正義のオーラなのです。

古代の人間にはオーラが見えていたという説がありますが、注意してごらんなさい。東洋、西洋を問わず絵画や仏像などによく描かれているのが見受けられるでしょう。

また、私が子供の頃、父の死の目前に霊視した闇というのが、このオーラであったのです。

人が死に接しているときは皆、底知れぬ闇のような黒いオーラがまわりを取り囲んでいるのです。そして、肉体とエーテル体とは魂の緒と呼ばれるものでつながっています。

「死」とは、この肉体よりエーテル体が離れ、肉体とエーテル体を結ぶ魂の緒が切れ、エーテル体のみになることなのです。

最近よく、幽体離脱現象という言葉を耳にすることがありますが、これは肉体とエーテル体が、魂の緒のみでつながっている状態のことを言います。

この幽体離脱をしたときには、常に軽やかな気持ちとなり、体もとても楽になります。しかし、だからといって、幽体離脱を試みるのは馬鹿げたことです。なぜなら肉体に帰れず、そのまま死亡してしまうこともよくあるからなのです。霊能者の私でさえ、指導霊の指導なしに幽体離脱を行うことはありません。

■生前の行いが死後行く世界を決める

私は、この幽体離脱現象によって、さまざまな死の世界を見てきました。

さまざまなと言うと、不思議に思われる方もいるかもしれませんが、死後の世界は一種の階層世界なのです。そうです、死後の世界はいくつもの層に分けられているのです。

一般に死後の世界は、光の反射による色彩の世界ではないため、色は常に蛍光色を放っています。

それはそれは美しい世界なのです。

しかし、階層が低い世界はなんとも暗く、恐ろしい世界です。荒れ果てた山のような景色や、地獄絵そのものと言っても良いような世界も存在します。

臨死体験をしたという人たちのなかに、大きく二つに分けられる体験談があるのに、あなたは気づいているでしょうか？

一つは、きれいな花畑が広がり、かわいらしい小鳥がさえずっている場所で、たとえようもなく気持ちの良い草原をさまよっている、というものです。

前方には川があり、そのむこうには天女が舞っているような美しい光景があります。

「ああ、私も早くむこうへ行きたい」と思って足を進めようとすると、突然「行ってはいけない」という声が聞こえます。

その声で、はっと気がつくと生還していたというものです。

この場合、この体験は非常に気持ちの良いもので、その後、死による恐怖から解放される方が多いようです。

もう一つは、真っ暗な闇の中にいる自分に気がつくというものです。そして、どこまでもこの闇のなかを歩いて行くのですが、この闇の世界は果てしなく続いているのです。

これはとても恐ろしい体験であると言います。

ではなぜ、このように二種類の臨死体験があるのでしょうか？　人は死後、誰もが同じような道をたどっていくのではありません。

さきほど述べたように、死後の世界はいくつもの階層に分けられていて、生前の心域（心の在り方）、行い等によって分けられる差別界です。

生前、自分の思い、行動、言葉に責任を持ち、人のために心を砕いて生きた方は、その心域に伴った高い境地に移動します。

一方それに対し、生前我が強く、自分の思い、行動、言葉に責任を持たず、我欲のみに生きた方は、そのまま低い境地に入るのです。

いわゆる死の世界とは、生前のあなたの在り方しだいで差別されてゆくものだと言えましょう。

■四つに分けられる死後の世界

私たちが住んでいる世界を現世と言います。これに対して死後の世界は幽現界、幽界、霊界、神界と大きく四つに分けられます。

私たちは死後、まずこのなかの幽現界というところに行きます。この幽現界というのは幽界と現世のちょうど中間点になるのです。この現世とは表裏一体のところと言ってもよいでしょう。

この世界は現世と複雑に重なり合っていますので、この世界にいる霊魂はしばしば目撃されることがあります。

「出た！　出た！」と騒がれ、よく目撃される幽霊はこの世界にいる霊魂なのです。

私たちは死後、肉体からエーテル体に分かれます。このエーテル体のなかに幽体、霊体、本体とが重なり合っているのですが、普通はこれを幽体と呼びます。この幽体の姿で現われるので幽霊と言うわけです。

一般に人は死後四十九日の間、この世にいると言われていますが、これは現世にいることではありません。もう肉体がなくなっているのですから現世にはいられません。ですから幽現界に魂を置くわけです。

心霊科学でも、確かにおよそ四十九日のあいだ、この幽現界にいることが多いとされているのですが、なかには、四十九日どころか、いつまでもいつまでもこの幽現界にさまよう霊魂たちもあるのです。

これがテレビ・雑誌などで皆さんにおなじみの霊と呼ばれる方々なのです。

さて、あなたは死後幽霊になってテレビや雑誌にとりあげてほしいとお思いでしょうか？　あなたの愛する人たち、ご先祖様たちが幽現界をさまよい続けてもかまいませんか？

あなたが幽霊と呼ばれないために、あなたの愛する人を幽霊と呼ばせないためには、なぜ幽霊が出るのか知らなくてはなりませんね？　私のように霊視ができる人間は、お墓にしゃがみこんでボンヤリしている霊をよく見かけます。

「どうしてこんなところにいるのですか？」

私がたずねると、霊は必ずと言っていいほど、このように答えます。

「死んだからお墓にいるに決まってるでしょう」

そうでなくても、テレビ・雑誌で幽霊の名所とされている場所にはお墓は多いものです。でも、本当は死後私たちは霊魂となり、幽現界から幽界、そして霊界へと進むわけですから、お墓にいるわけはないのです。

そうでなくては、お墓には、お骨のある人たちの霊魂でラッシュアワー顔負けの大混雑となってしまうでしょう。

実際に幽霊になって目撃されるのは、ほんの少数の人たちです。

では、その人たちが幽霊になってしまうのはなぜなのでしょう。その原因はただ一つ、この世界における未練、執着が人をさまよわせるのです。

もっとも、このようにお墓に座り込んでいる幽霊にもかかわいそうなものもいます。

たとえば、病気によって亡くなった人のなかには、死んだということがわかっても、死後の世界というものを知らないために迷ってしまうことがあるのです。

このため「ああ、私は死んでしまった。お墓に行かなくては……」と思って、自分の墓のある場所へ進んでいきます。

しかし、お墓に着いてもどうしようもありません。戸惑いながら墓石の前でずうーっとずうーっと座り込んでいるのですが、なんの変化も起こりません。

そうなると、そのうち、だんだん霊の気持ちも乱れてきてしまいます。

人恋しく、つらく悲しい気持ちになって、ついうろうろとさまよいだします。気の遠くなるほど長く墓石の前に座っていた寂しさのあまり、人間に話しかけたくなるのです。

そのようなときに現世の人たちに目撃され、「ぎゃー、幽霊！」などと叫ばれたりするわけです。

みなさんが恐ろしがる霊現象は、実はこのようなものだったのです。

あなたは、死んだらお墓に入るものだと考えていらっしゃいますか？　もしそう考えているのでしたら、あなたも幽霊になるかもしれませんよ。

ところで、今や、知らない人がいなくなってしまったほど有名な浮遊霊、自縛霊も幽現界の住人です。

墓場で座り込んでいる霊などは、この浮遊霊の仲間だと言って良いでしょう。

第二章　守護霊はあなたを見捨てない

人はみな「落ちこぼれた天使」

■本当の「神」の姿

私の研究所によくこんな相談者が訪れます。

「〇〇教を信じているのだが、ちっとも幸せになれないんです」

「毎日、神様にお願いしているのに助けてもらえません」

でも、この考え方にはおかしなところがあるのです。まず、このことをお話ししましょう。人はなぜ神仏を求めるのでしょうか。

人は苦難に出会ったときには、必ずと言っていいほど神仏に対する心を開きます。

また、新年など人生の折々につけて、真実の心から出たものか否かは別として、神仏に対して心を開きます。

このような人々の行為は、本人の認識を伴うかは別として、実は自然の摂理に心を開く大切な瞬間なのです。

では、神や仏とはいったい何なのか。

心霊科学の見地に立った神や仏の定義は、あなたがよく考える神仏ではなく、後述する自然霊に属するものです。

自然霊とは、この世に肉体を持ったことのない霊を言います。童話や伝承でおなじみのフェアリー（妖精）や天狗、龍神や稲荷なども、この自然霊に含まれます。

これらは決して架空の存在ではなく、霊の世界には確かに存在しているのです。そして、霊能者である私は、このような自然霊を日常でもよく見かけます。また、当然のことですが、洋の東西を問わず存在しているのです。実は私たちのおおもとは、このような自然霊のなかから現われたというのが、心霊科学の常識となっています。

神や仏とは、このような自然霊のなかでも、最高位のエネルギーや霊格を持つものということです。

このように言うと、あなたは「霊能者なのに見えないの？　話はできないの？」と思うかもしれませんね。

残念ながら、その通りなのです。

存在に対する理解はできますが、それ以上の接触は無理なのです。

私も霊界からの通信で、このように教えられているだけなのです。

「でも、神や仏と交信できるといっている霊能者はたくさんいるでしょう。私は神様が降りる人を知っていますよ。では、江原さんの力はその程度なんですね？」

ちょっと待ってください。

霊能者であろうと一介の人間、それなりの魂の目的を持ち、霊性向上を目指す修行の身です。このように現世の者の波長では、到底届くことのない高い波長を持つのが、神であり仏であるのです。

本当の神のエネルギーとはこのようなものなのです。

ですから、「地上に降りた生き神」というのは本来ありえないものなのです。

本当の神＝最高位の自然霊が、人に降りたとしたらどうなると思いますか？

この世界はたちどころに天国と化すか、または消滅してすべてが霊界行きとなってしまうでしょう。本当の神にはそれだけの浄化のパワーがあるのです。

ですから「生き神様」というものの正体は、多くの場合、低級霊（後述）の仕業です。

だいたい神が「わしが神であるぞ」などと言って現われるでしょうか？　このことだけでもおかしいと思いませんか？　神という名は、人間がつけたものなのですから…。

「本当の神」はこのような低俗なものではありません。

では、「本当の神」とは……。

それには一般に、神仏と言われているものを定義することが必要になります。

日本では神という言葉は神道より生じています。では、神道でいう神とは「恐れ多く畏怖すべきもの」です。そこには善と悪の区別は存在していません。ですから、邪悪なものであっても、恐れ多く畏怖すべきものならば、神道では「まがつ神」とされ、神の名で呼ぶのです。

また、神道では自然を崇拝します。火にも水にも風にも自然の森羅万象に神が宿ると考えられているのです。これを自然霊と考えれば、神道の考え方はある意味では非常に心霊科学的です。

神道で、最高神とされるのは天照大神になります。

では、仏教ではどうでしょう？　もちろん、仏教には釈迦を中心として観音や菩薩といった名前を持つ仏様と呼ばれる存在があります。同時に西洋にはゴッドという概念があります。

しかし、このような神々の名称は古い時代に人々が名づけたのです。ですから、天照大神であろうと、観音であろうとゴッドであろうと、それは同一の神のエネルギー、最高の自然霊につけられた名前にほかならないのです。

神と交信することは人々の夢でした。それゆえ神と通信できる、または神が降りるという霊能者もたくさんおります。

しかし、私たち人間の力では神と通信することは不可能ですし、どんな霊能者であっても人間に神が降りることはありえません。

まれに、高い波動を持つ霊が現われることもありますが、この場合でも神そのものが降りたわけではなく、代理程度の霊が現われたにすぎません。とはいっても霊界では超高級霊なのです。そして、このような場合でもその霊たちは驚くほど謙虚です。決して尊大な態度をとったり、ましてや見返りを期待するようなことはありません。

どんな場合でも、神が人の名づけた名を名乗って現われることなどありません。

非常に高い波動を持った霊に名前を尋ねた場合も、「名前など必要ない」との答えしか返ってきません。

私のところには往々にして、神と名乗る霊に翻弄され、混乱し、傷ついた人が訪れます。

神は大きな愛を持つ偉大な存在です。しかし、現世の御利益などをかなえてくれるようなお手軽な存在では決してありません。

神の存在は確かです。しかし、あなたが求める神の最高位の自然霊でなくてはなりません。神の名を名乗ることのない最高霊。それが本当の神の姿なのです。

■人はみな「落ちこぼれた天使」

私たちは苦しいとき、辛いとき、また人生の節目の折々に神仏を求めます。

私たちが神を求める心、それは、私たちがなぜ生まれ、なぜ生きるのかに通じることなのです。

魂は、永遠の霊性の進化を続ける旅人であります。人間世界を第一の修行の場として、肉体の死を通過した後、幽界、霊界、神界と進んでいきます。しかし、同時に、神もまた永遠の進化向上を目指す愛の光なのです。

人間の私たちは究極の進化を想像するしかないのですが、それは多分個々の霊が無限絶対の大我に融合一致することであろうと、日本心霊学の大家、浅野和三郎先生は言っておられます。

その意味では、私たちは実は無限の大我を目指す未熟な神でもあるのです。この世のすべての人々は神という神性を肉体で覆った神なのです。

わかりやすく説明してみましょう。宝石を磨く行為を思い浮かべてください。一回一回磨くごとに、原石は澄んで輝きを増していきます。そして、原石を磨くたびに生まれる僅かな輝き、これがあなたの霊であり、光増す宝石が神なのです。

ですから、私たちはまだ磨かれていない霊を持った神なのです。そして霊性進化を続け、いつしか光り輝く絶対の大我＝神の粒子になることを目指しているのです。

私たちがそれを忘れているのは、この世に生まれてくるときに、その記憶を捨ててくるからなのです。

私たちが生まれた目的を忘れ、孤独に泣いていたとしても、それはまた霊の世界の配慮なのです。

なぜならば、もしその目的などを知って生きているのであれば、私たちは自らの台本を演じるわざとらしい役者になってしまうでしょう。そこには大きな発見や感動、感情の目覚めがなくなってしまいます。

それでは霊の修行にはなりません。

真っ白になって生まれてきて、泣いたり笑ったり、苦しんだり感動したりしながら、自分の魂の目的を探す。これが私たちに課せられた人生の修行なのです。

人が神を求めるとき。それはこの世に生まれくるとき忘れてきた神への憧れであり、懐かしみからなのです。

もう、おわかりですね。

人は誰もみな、おちこぼれた天使であり、神なのです。

そして、神は霊界から我が子であるあなたをたった一人で、この厳しい現世に修行に送られたのではありません。

あなたが孤独に泣いているとき、あなたを確かに見つめ思いやる存在があります。

あなたがうちひしがれ、人生に絶望していても、あなたに寄り添う存在があるのです。

それが守護霊（背後霊）です。

守護霊の愛に見守られて

■私たちと共に歩む守護霊

私たちには誰にでも、人間の世話をしてくださる霊たちがついています。

それを守護霊、または背後霊と呼びます。この「守る」と書く守護霊は、背後霊と同義語です。守護霊は、私たちの「霊（たましい）の親」とも言うべき存在です。そして、私たち本人とは切っても切れない霊的な関係で結ばれています。

私たちが魂を磨き直すために再生を決意したその日から、現世における生涯、そして死後の世界に至るまで離れることはありません。

この守護霊（背後霊）を一つの霊だと思っている方が多いのですが、これは間違いです。簡単に説明しますと、その守護霊たちの中心となって働いている主護霊（ガーディアン・スピリット）、指導霊（ガイド・スピリット）、支配霊（コントロール・スピリット）、その他の補助霊（ヘルパー・スピリット）と大きく四つに分けられます。これらの霊を総称し、背後霊、守護霊と呼ぶわけです。

あなたは、このような霊団と共に人生を送っているわけです。

私は毎日、心霊相談に携わっているわけですが、この守護霊についても誤解が多く見られます。

というのは、心霊がブームになり、「守護霊」「背後霊」が簡単に話題にのぼる昨今、守護霊を便利な「魔法使い」と考えておられる方がとても多いのです。

ここのところをしっかりわかって欲しいのです。守護霊は私たちの我欲、すべて何でもかなえてくれるという存在ではありません。

守護霊は私たちの霊の親、いわば親の心で私たちを指導してくれる存在なのです。

よく、不運が続き、八方ふさがりの状態で霊能者の所へ相談に行くと、「あなたには守護霊がついていないのですよ」などと指摘されてしまうことがあります。

だが、これもとんでもない言いがかりです。守護霊が私たちを見捨てて、スタコラどこかへ逃げてしまうことなどあり得ないのです。

悪運や悪霊が、そのような災いをなすこともあるでしょうが、それがあなたのためになると思えば、守護霊が試練を与えることもあるのです。よしんば悪霊による災いであっても、守護霊は致命傷にならないように注意深く見守っているものなのです。

甘いだけでは子供はダメになってしまいます。我が子のためなら、ときには叱り、また慰めるという守護霊のこの姿は、まさに霊（たましい）の親と言うにふさわしいものだと言えましょう。

守護霊は「真理の目」を持っています。その目で物事を見ているために守護霊の指導は現世の親以上に厳しいものになりがちですが、そこには必ず私たちへの愛が存在します。

私たちはこの守護霊の良い指導を受けながら、自分に課せられた使命を果たし、怠ることなく真剣に生きる必要があるのです。

■守護霊を構成する四つの霊

○主護霊（ガーディアン・スピリット）

私たちの守護霊の中心的役割を果たしている霊魂です。統計的に見ると、四百年前から七百年前に他界した先祖の霊魂がこの主護霊であることが多いようです。

少数の例外を除き、男性には男性の守護霊が、女性には女性の守護霊がついて、私たちを守り指導しています。

この主護霊は、私たちがこの世に生まれる前、そして現世、死後も本人とは切っても切れない間柄となります。

主護霊は入れ替わることはありません。この強い絆のためでしょうか。私たちはこの主護霊に似た生涯を送るとも言われています。あなた自身にとても似た存在であると言えましょう。

○指導霊（ガイド・スピリット）

私たちの趣味や職業を指導している霊魂です。芸術家には芸術家の霊魂が、医師には医師の霊魂が、宗教家には宗教家の霊魂がついていることがよく見受けられます。

たとえば私ですが、私には生前僧侶であり、霊的能力にたけ心霊治療を得意としていた指導霊がついて指導しています。この霊魂の指導により、現在の私があるわけです。

また、この指導霊は、私たちの先祖霊に限られるわけではなく、外国人の霊がつくことも往々にして見られます。実際、私も外国語の教師に外国人の指導霊が、ヨーガの先生にインド人の指導霊がついて指導しているのを見た経験があります。このように、指導霊には私たちの職業を司る働きがあります。

私たちにはこの指導霊の影響がとても強く現われるので、その人自身の適性や才能を見いだすにも、まずその人の指導霊を見る必要があると考えられます。霊能者には、どのような指導霊がついているかによって、その方の成功度がわかるのです。

しかし、指導霊はしばしば途中で代わることがあります。その指導霊が指導している人間が増長したり、傲慢となったり、精進を怠ったりして波長が低下してしまったりすると、指導霊はあなたから去っていくのです。

それは、あなたと指導霊が持つ波動の双方が合わなくなるからなのです。そうすると、高級指導霊は去り、代わりに低俗な低級指導霊が入れ替わります。このため能力が落ち、できるはずのこともできないというような状態になったりするのです。

一方、精進努力を重ね、謙虚で高い波長を持っていれば、才能がない人でも高級霊を呼び込み、能力を飛躍的に伸ばすことも可能になるのです。どのような職業分野においても、著しい活躍をする人はその方の指導霊がとても長けていると言います。

余談ですが、スポーツなどを見ていると、この指導霊同士がプレイをしあっていて勝負が決まるということがよくあるのです。

○支配霊（コントロール・スピリット）

支配霊とは霊能者の心霊実験や交霊会で、霊界側のすべてを統括し、支配する高級霊であると言われています。しかし、一般的にはその人間の運命をコーディネイトしている霊魂のことをこう呼びます。

たとえば、あなたの新たな出会いや結婚、新しい土地など、私たちの進むべき環境などは、この支配霊がコーディネイトしているというわけです。

この支配霊は、私たちの十年程先もすべて見通すことができるようです。人生はすべて偶然や奇遇な出会いと思っている方も多いようですが、実はこの支配霊たちが私たちの人生と運命をコーディネイトしているのです。

○補助霊（ヘルパー・スピリット）

私たちの主護霊、指導霊、支配霊のほかに、この三役の霊を手伝う補助霊という存在があります。補助霊はさほど古くない霊魂の場合もあります。私たちの身内や近い先祖がこの補助霊となって守ることも多いのです。また、ときには、前世に関わる霊魂などが関与する場合もあります。

よくテレビなどで「あなたの守護霊はおじいさんですね」などと言っている霊能者を見かけますが、それは守るという定義が違うからなのです。補助霊も守るという意味では守護霊と言えますが、心霊科学で言うリーダーの守護霊ではありません。あくまでも補助をする霊魂なのです。

なぜ、そう言えるのでしょうか？

私たちの守護霊は私たちが生まれる前から私たちに関わっているのです。もし、私たちのおじいさん（おばあさん）が守護霊だとするならば、その人たちが存命中、私たちには守護霊がいないということになってしまいます。

霊能者のなかにも「あなたには守護霊がいない」などと言う人がいますが、そのようなことは絶対にありません。どの方にも必ず、霊的守護はあります。

私たちには、このような霊的な家族が存在するのです。この霊的家族を「グループ・ソウル（類魂）」と呼びます。

私たちは、この守護霊の愛の指導により、日々、この現世での使命を果たしているのです。なんとありがたいことでしょう。なんと喜ばしいことでしょう。

私たちは、いつもこの守護霊のことを心に置き、感謝の念を持たなくてはいけません。

あなたの個性を左右する自然霊

■高級霊と低級霊

前でも少しふれましたが、霊には高級霊と低級霊があります。

たとえば、一般によく狐憑きと言われるものがあります。あなたも一度や二度は聞いたことがあるでしょう。これを動物の霊だと考える人が多いのですが、これは動物霊ではなく、現世に姿を現わしたことのない低級自然霊、または低級自然霊と化してしまったものによることが多いのです。

自然霊とは、この世に肉体を持って姿を現わしたことのない霊を言います。

いわゆる稲荷、天狗、龍神、たぬきと言われるものは、この世に姿を現わしたことのない自然霊なのです。

ですから、本当に絵で見られるような姿をしているわけではありません。そのような性質を持つエネルギー体と考えてください。

自然の霊でもそうですが、自然霊にも低俗なものから超高級なものまであります。これらの自然霊の働きは幅広く、いくつかのパターンに分けられます。

まず頂点に立つ神、神の高位の超高級自然霊があります。

よく霊能者のなかに、神が降りると称する人がいますが、これは全くの誤りで、実際は低級な人霊、もしくは自然霊が降りていることがほとんどです。

もし神が現世の未浄化な魂を持つ体に降りたとしたら、その霊媒の体は急激に浄化されて一瞬にして消えてなくなってしまうでしょう。

高級霊にはそれほどの力があるのです。

自然霊には天候など、自然界を司る働きがあります。

このなかには、前述したフェアリー（妖精）と呼ぶものもあります。

これらフェアリーは、それはそれは小さい霊魂で、木や花、草などに宿り、自然を守ろうとしています。

私たちはよく病人のお見舞いに花を持って行きますが、これは花に宿る心優しいフェアリーが、その病人を慰めてくれるためにできた習慣だと言われています。

そして、これらの自然霊のなかには、人間に深く影響を与えるものがあるのです。

このように現世の人間に影響を与えるのは、高級自然霊から低級自然霊までさまざまですが、特に人間に良い影響を与えているのは、背後霊のなかの自然霊です。

もともと人間の始祖は自然霊であり、人間の背後霊を調べてみるとよく龍神、天狗、稲荷等、神の予備軍とも言える自然霊が支配霊として司っていることが見受けられます。

これらはまだ霊界において新しい魂の自然霊であるからです。まず、現世において人間を司って守ることにより、神となる修行をしていくと言われています。

ここで霊系について触れておきましょう。人間はいくつかの系統から成り立っており、これらを霊系と呼ぶことがあります。

龍神が背後霊にいる方は龍神系統、天狗霊が背後霊にいる方は天狗系統、稲荷霊が背後霊にいる方は稲荷系統というわけです。

おもしろいのは、背後霊そのものが高級であっても、背後にいる霊の系統が、人間の個性として強く現われることがままあるのです。

つぎに、その特徴を挙げてみましょう。

○龍神霊系統

龍神霊は気が強く勝ち気な性格で、ときにおおざっぱな人柄となります。また人に対しては気前が良く、人のうえに立ちたがる性質があります。そして元来の自然霊の性格上、出かけるときの天候が雨のち晴天となることが多いのです。

○天狗霊系統

感性が人と異なり、同じ美しいものをそう思わないといった偏屈なところがあります。そして有頂天になりやすく、感情的で傲慢になりやすいようです。また性格は、お天気屋と言えるでしょう。全体すべてにおいてマイペースの芸術家タイプと言ってもいいかもしれません。

○稲荷霊系統

何事もせせこましく落ち着きがありません。ケチと言ってもよいでしょう。そして人の目を盗むことや、嘘をつくことが得意などという狡猾さも持っています。この系統の人が出かけるときには天気が良いことが多く、晴れ男・晴れ女と呼ばれる人が多く見られます。

思い当たることがありましたか？　これは代表的な例ですが、このように霊系によってそれぞれの特徴がよく現われます。かならずしも嬉しくない特徴であったりするのですが、これらのすべてが背後霊のせいではありません。

私たち自身が、そのような要素、系統を類魂として生まれ持っているのです。ですから、背後にいる高級霊のように、常に高い心域を持つように努力しなければなりません。

問題となるのは中級より低い自然霊です。一般にお稲荷さん、天狗、お狸さんなどと呼ばれる自然霊は、神の使いである霊であることが多く、人の生業を見てくれます。ところがこれらの霊は大変に俗っぽく、与えた分の見返りは必ず得ようとする性質があるのです。

最初のうちだけ熱心に詣でていても、感謝の心を忘れたりすると、これらの霊は怒り狂います。「この恩しらず！」と霊障によって知らせようとするわけです。

自然霊はおろそかにされているうちに、人間の子供のようにぐれて、低級化していく傾向があるのです。またおもしろいことに自然霊は子供を産むように分霊し、増えていきます。するとますますタチが悪くなり、広範囲の人に悪い影響をおよぼします。

この典型が「コックリさん」です。分霊した低級な自然霊は、よくこの「コックリさん遊び」などをしている人に憑依し、霊障を起こします。

また、このような自然霊に対する説得は、私たち霊能者にとっても、なかなか難しいものがあります。

というのも、自然霊は人霊と違って情がありません。肉の家族を持ったことがないので情けがないのです。これは低級霊に限ったことではないのですが、情に訴えることができないのです。

だからこそ、自然霊は慎重にあつかうべきなのです。常に敬意を払い、簡単に呼び出そうなどとしてはいけません。

■低級霊に惑わされないために

私たちにとってやはり怖いのは低級霊に惑わされてしまうことです。

霊界について中途半端な知識を持ち、このような低級霊に惑わされてしまう人は意外に多く見受けられるのです。

もちろん、霊を信じないために長い時間憑依状態が続き、私たち霊能者のところに来たときには手遅れの状態になってしまう人もいます。このような場合、憑依状態が長く続けば続くほど、憑依霊は居心地がよくなってしまうのです。

また、人間のほうも、年数が経てば経つほど憑依霊と同化し、正気を失ってしまうのです。これは身体、精神どちらに起こる霊障にも言えることです。

これを理解できず、その場で苦痛から解放されないと「時間がかかるなんて、だめな霊能者だ」などと悪口を言う人がいます。

病院で「慢性病だから治療には時間がかかりますよ」と言われれば納得できても、霊障の解除に時間がかかるとは理解できないのです。

ときには、その場で完治したり好転することもないとは言えないので、期待する気持ちもわかりますが、そうはいかないほうが多いのを理解してほしいと思います。

つぎに多いのが、自ら憑依の虜となってしまう人です。

たとえば、憑依されていることで得意になっている人です。

このように低級霊に惑わされている人には三つのパターンがありますが、私の知る限り、このような人々はまことに寂しい人が多いようです。

一つは、憑依を理由に現実逃避をしようとする人もいます。

こういう人たちは言葉で憑依を恐れ、除霊を望みますが、本心では憑依にすがってしまっているのです。

ですから、憑依霊のほうも居心地がよく、いつまでも憑依してしまうのです。

このような人たちは、除霊や浄霊より、まず心を治癒させなければなりません。しかし、私たち霊能者は、あくまで助言者です。強制はできません。謙虚に私たちの言葉に耳を傾けてくれなければどうしようもないのです。

その結果、みすみす憑依の虜となっていくのを見ているしかないことがあるのです。

しかし、もっと始末に悪い人もいます。

それは、神仏が自分に降りたと思い込み、得意になっている人です。

これは、低級もしくは未浄化な憑依霊が取り憑いたものですが、いくら説明しても注意しても聞く耳を持たないのです。そして低級霊に惑わされるまま、自分は凡人とは違うと高慢になり、霊能者や教祖になっていきます。

残念ながら、このような人は、現在の新興宗教の教祖や霊能者によく見られます。

なまじ中途半端な知識を持っているだけに、説得は不可能です。

この場合、程度は低くても霊能は発揮するので、周囲も人も本人をおだてあげ、すっかりその気にさせてしまいます。

しかし、しょせん低級霊、最初こそ人間を増長させ、物質や金などを豊かにしていきますが、そのうちにそれに飽き、その人間を見捨てて不幸のどん底に陥れるのです。

そうなった人間はみじめに一生を終えるだけではありません。自分自身の生まれてきた目的も果たせず、罪のカルマまで背負わなければならないからです。

さらに、自分の意志の弱さのために憑依霊と縁が切れない人たちもいます。

詳細は後述しますが、自分自身に厳しくないために、波長の低い未浄化霊を自らつなぎとめてしまうのです。このような人たちは、自分で憑依霊を呼び込んでしまっているのです。憑依とは憑く霊ばかりが悪いのではなく、呼び込む自分が一番悪いのです。

そして、このような人たちは、この世の欲望や執着から自分の心が離せない以上、死後、未浄化霊となる可能性が高いのです。

このようなことにならないよう、私たちは正しい心霊知識を持ち、高い心域を持つための努力を忘れてはなりません。

守護霊は言います。

「神は人に悩みなど与えていない。神は問題のみを与えているのだ。悩むのは現世の者の勝手である。人は与えられた問題を努力し、ただ乗り越えればよいのになぜ悩むのであろう。それは我や執着である。自分が苦しいだけであるのに…」と。

第三章　これが「霊障」の実態だ

霊障とはなにか

■人はなぜ霊に取り憑かれるのか

私たち人間に取り憑く人霊、動物霊、自然霊等を総称して「憑依霊」と言います。原因不明の肉体の病気や精神病、または自殺や災害などには、この憑依霊の仕業がよく見受けられます。私たち霊能者には、これらの憑依霊がはっきり見えるのです。

では、憑依はなぜ起こるのでしょう?

ここで大事なことは、往々にして、憑く霊が悪いのではなく、憑かれる自分が悪いことが多いということです。霊が憑依するということは、同じ波長を持つ低俗な霊を呼び込んでしまうということだからです。

私たちが霊の真理から目をそらし心を歪ませたとき、それは霊の曇りとなります。そのために、グループ・ソウルの光（神の光）を見失ってしまうのです。

暗く低い心域が低俗な霊を呼び寄せ、そんなときに現われるのが「魔がさす」の「魔」なのです。しかし、それは霊からかけ離れてしまった過ちに気づかされるための霊界からの使者でもあるのです。

このようにして困難、病苦、そして憑依が起こるのです。

しかし、このようなトラブルは実はよく意図されたもので、あなたが乗り越えられないものではありません。そしてこれを乗り越えることにより、また再び神性という前向きな霊を呼び戻すことができるのです。

ですから、苦難のなかにいると思っているあなたこそ、一刻も早くこのことに気がつくべきです。たとえ、それがどんなに恐ろしく思える憑依現象であっても、それは自分のために自らの霊の計らいで起こったものなのです。晴天の霹靂のように起こる数々の苦難、憑依もすべて本当の神になりたいと願うあなたの神性が求めるものなのです。

だからこそ私たち人間が、常に高い心域を持ち、憑依されない心域をつくるために努力すべきなのです。

とはいえ、とりわけ憑依現象は恐ろしく思われます。

私たちは、実は、日々さまよい続ける未浄化霊たちと関わりあいながら生きているのです。では、なぜそのことに気がつかないのでしょうか?

それはあなたが霊魂の存在を意識して生きていないからです。

この現世で、私たちは善、悪、さまざまな霊の影響を受けて生活しています。そのような暮らしのなかで、霊魂の憑依、念（いわゆるテレパシー）、霊的なエネルギーによって起こされる厄災を「霊障」と呼びます。

一般に霊障を起こすのは成仏できない、程度の低い未浄化霊が起こすと考えられがちですが、心霊科学的には霊障は五つのパターンに分けられます。

①私たちの祖先、または流産、堕胎などによりこの世に生れ出ずに亡くなった霊魂、あるいは生まれてもすぐ亡くなった霊魂によってひき起こされるもの。これらの霊魂を水子と呼びますが、この供養をおろそかにしていたことにより、未浄化霊が私たちに訴えて霊障を起こすケース。

②私たちの一族に縁があり、守っていただいていた神仏の眷属霊《けんぞくれい》（天狗霊や稲荷霊など）を粗末に扱ったり、汚してしまい、その霊の怒りをかった場合。その場合、そのことを気づかせようと霊障を起こすケースもある。

③地縛霊の宿る場所等に住んでしまったため霊障に遭うケース。
④生霊、死霊を含み人霊、または動物霊の恨みを受けた場合。
⑤私たちの波長が低下し、同じように低い波長の未浄化霊を呼び込む場合。
これらが霊障の原因となるのです。しかしこれらのどのケースも、あなたが霊について正しく学び、高い波長を持ち続けることができるのならば恐れることはないのです。

■五つの霊障

では、少し霊障の五つのケースについてお話ししましょう。

まず最初に水子霊ですが、これは中絶、流産、死産、または生まれて間もなく亡くなった霊魂を言います。

水子霊は最近特に増えてきているようで、私のもとに訪れる相談者のなかにもこの霊が関係していることがよくあります。

この場合、「寺で水子地蔵を建てたから供養は済んでいます」などといばって言ったり、「怖いので除霊をして取ってしまってください」などと、情けないことを言う人が多いようです。

水子霊は悪霊ではありません。

ただ、自分の存在をわかってもらえず、母の肌が恋しく、寂しくてしがみついているだけなのです。あまりにもかわいそうではありませんか。

それなのに「取ってしまってください！」と言う心、「金を払ってるのだから浄化しないのはおかしい」と思う心、この心域の低さが霊障を呼ぶのです。

大切なのは一日も早く気づいて、現世での子供にかけるのと同じ愛情を注いでやることなのです。

余談になりますが、そういう意味では、私は、ある種の宗教や悪質な霊能者には怒りを禁じ得ません。「水子の祟り」などと宣伝し、それに対し免罪符を得ようと集まる人々から大金を集めるなど言語道断です。

霊界の真実を伝えるために霊訓を著したシルバーバーチが「今、一番霊力が見いだせなくなっている場所は宗教界だ」と言っていますが、このような悪質な行為を肯定するとすれば、宗教界には霊的真理はもう存在しないと言っても過言ではなくなるでしょう。

つぎは、よく言う「罰が当たった」ケースです。代々まつってきた祠の上に家を建てたら不運が続く、などというのがこの典型的なものです。

これも結局、私たちの心のありかたに問題があるのですが、高位の霊とは違って非常に俗っぽい性格があり無視されることが許せないのです。

ここのところをよく理解して供養をしてやることが必要ですし、それがまた、あなたの幸せにもつながっていくのです。

このなかでも有名なのが地縛霊でしょう。この霊は家、土地、死んだ場所等に執着を残し、進化・向上の自覚を持てない未浄化霊を言います。覚悟の自殺、もしくはその他の原因であっても、その場所や家に執着を残していれば、なかなか正しく進む道を見いだせないのです。

また、事故などで瞬間的に亡くなった霊魂も、死の覚悟が持てずにこのような地縛霊になることがあります。

いつまでも幽界にはいって浄化することができず、死の覚悟も持てないまま、波長も低いままです。そのため自分と同じように低い波長に取り憑くのです。

よく「魔の踏み切り」と呼ばれる場所や自殺の名所と言われる所があります。これはここで死んだ地縛霊がいまだ死の覚悟を持てず、そこへ訪れた人で自分と似た波長を持った人間に憑依することで死になおそうとするためなのです。

当然のことですが、この霊の波長はとても低く、暗いものです。

ですから高い波長の心域を持つことができれば、霊を呼びよせることもないのです。

もう一つ、浮遊霊をあげておきましょう。④のケースがこれにあたりますが、恨みなどの現世における欲望や執着から離れることができずに、霊界での進化・向上の自覚を持てない未浄化霊のことです。

この欲望や執着は、生への執着、またはお金、酒、人等にもおよび、これらから心を離せないのであれば、あなたも浮遊霊になる可能性があると言えます。

死後の世界を信じられない人たちもまた、この浮遊霊になりやすいのです。

死んでいるにもかかわらず、死んでいることを自覚せず、現世にとどまり、家族や友人たちのもとをいつまでも訪れ続けます。

では、死の自覚があればいいのかというと、そうであっても浮遊霊になるケースはやはりあるのです。

これが執着が残ってしまうケースで、生への執着が断ち切れずにさまよう霊や、酒への執着が原因で浮遊霊になることも多いのです。こうなると酒を追いかけて酒場に出没し、人に憑依することで酒を飲み続けようとします。

金に執着する霊はいつまでも我家の財産、貸した金などにとらわれながらこの世をさまよい続けるのです。

また、人に対する執着もあります。恋愛がきっかけで自殺した霊は、いつまでもその恋人を求め、さまよい歩きます。

人間だれしも持つ可能性があるこのような欲望や執着も強すぎたり、心を離せないのであれば、このような浮遊霊になることもありえるのです。

では動物はどうなのでしょう?

動物が関わる霊障は意外に多いものです。これらのなかでも猫、犬、蛇などはとても強い念を持って執着することがあるのです。

これらの動物霊に対しては、尊い命を大切にしようという慰霊の念をいつも持ち続けることが必要です。動物にも死後の世界は存在し、その魂もまた進化・向上の目的を持っているのです。

ですから、私たち人間は、動物をリードしていかなければいけない立場を常に自認し愛念を持って生活していきたいものです。

一般の霊障とは少し違った性格を持つのが因縁霊です。これは本人自身には原因がないのに、自分の血筋の祖先が原因となる問題を起こしてしまい、それを子孫が担ってしまうという形で霊障を起こします。

ちなみに、私の父は、このような祖先因縁で亡くなっています。私の父方の先祖のなかに御殿医がおり、主君の命によりある権力者を暗殺しようとして毒を盛ったのです。その罪とカルマが孫である私の父に巡ってきたのでした。

そのため父は、同じ薬の因縁がある製薬会社の薬害で命を落としたのでした。

こんな話を聞くと、あなたは「それじゃあ、あまりに不公平だ！」と思うかもしれません。しかし、先祖は我が身内であり、我がことなのです。

先祖は私たちの遠い親。ですから、親のことと同じと考えてごらんなさい。

そう考えると、同じ一族である自分にも連帯責任があるのが納得できませんか？

一つの家族があって、そのなかの一人が不幸であったとき、あなたは自分だけ幸せでいることができますか？　本当の幸せは味わえないのではないでしょうか。

私たちは、家族に対して連帯責任を負っています。その輪を祖先に広げても何もおかしいことはないではありませんか。

私たちもこのことをよく考え、自分もいつかは先祖になるという自覚をしっかり持たなければいけません。

しかしながら、地縛霊や浮遊霊とは違い、因縁霊は除霊、浄霊というように短期間では解除することはできません。

因縁霊とは、たまたま本人が出した波長に合って取り憑く憑依霊とは違い、本人の心、魂の問題でもあり、取れば済むというわけにはいかないのです。

■すべての霊は神の分身

憑依現象と聞くと、あなたは大変怖いと思うかもしれませんね。しかし、憑依も大切なこともあるのです。

あなたが人生につまずくのと同じように、霊もまた、つまずくことがあるのです。

死後も現世の執着があるために、霊性進化の道に迷い、いつまでもさまよっている霊も確かにいます。

このような霊たちは、波長の法則によって、同じような執着を持っている人間のそばに寄ってきます。

霊の曇った状態の人は、このような霊を引き寄せやすいのです。こうして引き寄せられた霊はその人間に憑依し、似た者同士、もがき、苦しみ合い、葛藤するのです。

そして、現世の者と共に、その苦しみを乗り越えようとします。

その苦しみを乗り越えられたとき、現世の者は達成感と共に自らの霊の向上と幸福を得、未浄化だった霊たちは、その執着から解放され浄化されるのです。

私たちの魂は、たくさんの霊たちと関わりあいながら生きています。そしてこの魂はそれが良いことであっても、悪いことであってもその他の霊と共に向上していくのです。

今、あなたに心のつまずき、霊の曇りがあったとしても、それは決して無駄なことではありません。常に他の霊に奉仕しているのです。

たとえ未浄化であっても、すべての霊は神の分身です。素晴らしい神の摂理と言えましょう。

除霊、浄霊の真実

昨今の心霊ブームで除霊、浄霊という言葉は、かなり一般の人に浸透してきているようです。しかし、私たちは本当の意味や意義についてどれだけ知っているでしょうか？

そこで除霊、浄霊の正しい意味と意義について述べておきましょう。

まず、「除霊」について説明します。「除霊」とは、読んで字のごとく、霊を取り除くことです。いわゆる、祓いのことですが、この場合、憑いていたものを取り除くだけなので、憑いていた霊は、また浮遊霊に戻ります。

当然、その霊はさまよい、ほかの人に取り憑く可能性もあるわけです。

一方、「浄霊」は憑依した霊を諭し、その霊が行くべき世界の案内役をすることです。

これは世間の供養と似ており、除霊のようにただ取り除くのではありませんから、諭された霊は己の進むべき道を理解し、高級霊の力を借りて、永遠の進化向上の旅に出るわけです。

ですから、その霊が波長を著しく下げなければ、もはやこの現世界で人に憑依するようなことはありません。

このように浄霊とは、未浄化な霊を浄化させることです。

ところで、除霊や浄霊は、そうだれもがやたらとやる必要があるものではありません。

それでは、この理由を説明しましょう。

そのためにはまず人間、そして人生を考えなければなりません。

私たち人霊は、霊界から自分自身の霊格を向上する修行をするため、この現世界に降りてきています。

そして、神の分霊を持ちながらも、現世では肉体を負い、そのために獣性を持たなければならないのです。獣性を平たく言えば「肉的な本能」となるかもしれません。

そして獣性から派生する物質欲、食欲、肉欲を自己コントロールしながら、同時に高級霊、未浄化霊、因縁霊等の作用を、自らの魂を磨く「磨き砂」とし、魂の向上進化に励み、やがて肉的な一生を終えて帰幽するのです。

しかし、これは個人レベルのことにすぎません。

では、なぜこのような試練を負ってまで、私たちはみな進化・向上しなければならないのでしょうか？

私たちは実は人間ばかりでなく、日本、そして地球人類全体の進化・向上も担っているからです。地球のカルマ（業）は日本のカルマでもあり、それはまた私たち個人のカルマなのです。

私たちはこの宇宙を、地球という星を浄化させるために生きているのです。私たちの究極の目的は、この星を浄化させ神の国とし、神の光の粒子となっていくことなのです。

そのためには、この現世と幽世のすべての魂を浄化させなければなりません。

浄化とは、簡単に言えば、自らの波長を高めること、心域の向上です。

人はみな、知らず知らずのうちにたくさんの未浄化な霊魂たちと切磋琢磨しているのです。だれしも大なり小なり憑依を受けているものです。それは人間関係の小さなトラブルであったり、仕事上の失敗、思わぬミス、あるいは事故という形で現われます。

しかし、あなたがその出来事を反省し、それに学ぶことができれば、あなたの心域は上がっていきます。

程度の差があっても、私たちはみな憑依を受けている霊媒なのです。そして良し悪しさまざまな運を受け、苦労を重ねながら心域を高めていきます。

そして先程もお話ししたように、憑依する未浄化霊たちはみな、なんらかの欲望や執着を断ち切れずに、同じ執着を持っている人の波長に感応し、憑依するのです。

そのようにして憑依した霊は、同じ苦しみに喘ぐ人と共に悩みながら、その苦しみを克服していく人の姿に諭され、反省し、自覚を持ち浄化していくわけです。

しかし、ときには負うには重すぎる霊が憑依することがあります。

憑依されている人間が、このまま現世の修行を成し遂げられない恐れが出てきた場合、そのときこそ除霊、もしくは浄霊の必要が出てくるのです。

「では、憑依霊に関わらない人生は絶対に不可能なのでしょうか？」

そんなことはありません。

私たちが自身が深く霊を理解し、いかに生きるべきかを実践し、霊に取り憑かれない高い心域を持てば良いのです。それはたやすい道ではありません。だからといって諦めないでください。努力こそ幸せをつかむただ一つの道なのですから……。

第四章　霊能者の在るべき姿

霊界の道具として生きる

■霊性進化の道を歩む旅人

ところで、簡単に祈りで願いをかなえてくれたり、あっというまに除霊してくれる「ありがたい霊能者」とは、いったい何者なのでしょうか？

真理を学ぼうとせず現世利益のみを言う霊能者は、物質主義の目で見ればありがたく感じられるかもしれませんが、実は私たちの進歩・向上を妨げる悪なのです。

除霊とはその者の魂には荷が重すぎると、「霊界の高級霊」たちが感じたとき、霊界によってその道具である霊能者を使って行われるもので、あくまで現世の霊能者によって決められることではないのです。

その意味で私たち霊能者は、現世利益を与えることを目的としてはならないのです。

謙虚に霊界の道具である身を自覚し、真理を学ぶ者として人々にそれを伝えるしもべでなくてはなりません。

霊界のパワーはとても言葉で言い表せないほどすごいものです。

霊能者にそれを説明できるだけの知性と人格があれば良いのですが、たいていは霊界の真理の十分の一、いや百分の一も説明できません。

霊界の高級霊から見れば、なんと歯がゆい思いをしていることでしょう。多くの人々に真理を伝えたいのに、仲介役の霊能者のパワーが不足している……。

そんなとき、ときとして「奇跡」が起きます。人々があっと驚く、文字どおり人智を超え、科学を超えた出来事が起こるのです。

私が知るなかにも、一瞬のうちに苦難や病苦から解放されたりしたケースが確かにあります。言うまでもなく、霊能者が現世利益を願って起こしたことではありません。

そんな力は肉体を持つ人間にはないのです。あくまでも霊界側の力によるものです。

これは、霊界がもたらす私たちへのカンフル剤であり、言葉は適切でないかもしれませんが「覚醒剤」なのです。

しかし、「覚醒剤」のたとえのように、心弱い人々は必要以上にその薬を使おうとすることがあります。

「奇跡」を期待しすぎるのです。自らの努力なしに、霊界にすがることで人生をうまく切り抜けようとします。

でも、それは人生を無意味なものにし、身を滅ぼす、魂を滅ぼすだけです。

霊能者は真理を啓蒙するために、日夜、霊界の道具として生きています。そして霊能者もまた、霊性進化の道を歩く旅人の一員なのです。

そのことを皆さんによく理解してほしいと思うのです。

■安易な「霊能開発」は危険

世の中が不安なためでしょうか。

超能力が身につくという宗教が人気となったり、小学生の間でも幽霊本が人気になっているといいます。

霊や神秘の世界がトレンディーとされる心霊ブームのなかで、最近、霊能開発が盛んに宣伝されています。

「霊能の持ち主になって、世の中、楽しく生きましょう」などといった広告を見るにつけ、私は強い懸念を感じます。

霊能があれば世の中が楽しいなどということは決してありません。それでも霊能者というものを、何か特別な力を持つように勘違いをした人が、このようないいかげんな霊能開発に引っかかってしまうのです。

しかし、安易に行われる霊能開発は、非常に危険だと言わざるを得ません。場合によっては、人生の転落者となってしまう危険をはらんでいるからです。

よく「私も霊が見えるようになりたいのです」とか「どうしたら私も霊能者になれますか?」という質問を受けるのですが、これは霊について理解していないからこそ出る質問だと思います。

なぜなら霊能開発とは、霊性進化を無視してはあり得ないものだからです。

霊について正しく学び、理解したという土台があって初めて可能なのです。

霊能があることと、霊が向上したことは決して同じではありません。本人の霊能と霊の高低はまったく無縁なものなのです。

日本有数の霊能者であり、研究者でもある私の師・寺坂多枝子先生が常々おっしゃっていますが、霊格イコール人格であり、霊媒は素直な清い霊を持つと同時に、智力もなければならないのです。

本当に霊能を持つならば、霊性進化の上に立つ高い霊能を持つべきです。

しかし、中途半端に霊能を発揮して低級霊に取り憑かれ、「神が降りた！」と大喜びしてしまう人も多いのです。

ちょっと考えてみればおかしいと思うはずなのですが、このような人はずいぶんいるものです。そういう方は人間的に素直なのかもしれませんが、低級霊におどらされて他の人に迷惑をかけるようになると問題です。

なかには自ら教祖となって新興宗教を始めたり、無責任なことを言う人も現われます。生きているうちに神と一体となると称して、断食をしたり、滝に打たれたり、空中浮遊に懸命になってみたり、教祖の血を飲んだりしても、そんなことは霊の世界の常識では絶対に不可能です。

この現世に生きているということは、そのこと自体が私たちが完全ではないということなのです。

そして現世に魂の目的を探し、霊性を進化・向上させて生きることこそが、私たちの修行の道なのです。

本当の霊能者を見きわめる

■霊能者は万能ではない

同様に「あなたには守護霊がついていない」「守護霊の力が弱い」などと言って人心を惑わすのは、かならずと言って良いほど波長の低い者のやりかたです。

このような霊能者に限ってなんの説明もせず、すぐ「これは大変だ。除霊が必要だ」などと言い出します。

しかし、波長の法則が示すように、低級霊と同調してしまう波長を持つことが問題なのです。憑かれる者にも問題はあるのです。すべては自分次第なのです。

前述したとおり、除霊というものはめったにすべきものではないのです。

除霊が必要な場合というのは、その人が自分の力だけではもう耐えきれないと思うときにのみ行うべきものなのです。

ただ「憑いたから取りましょう」では何の解決にもなりません。それではその人にとっては何の進歩も向上もないからです。

真の霊能者というものはそう簡単に除霊などしないものです。それを能力がないと判断されるようでは困ります。

もちろん、霊能者とて万能ではありません。自分自身に危険を感じることもよくあります。

また、霊視に写る未浄化な霊は、とうてい気持ちの良いものだと言えるものではありません。私たちも同じ霊魂であるわけなのですから、普通の霊なら恐ろしくもなんともないのですが、相談に関わる霊は霊障のもとになる霊ですから、波長も低く、あまり良い霊ではないのです。

皆さんがうらやましがる霊能ですが、私は、こんなものはないにこしたことないと常々思ってしまうのです。

実際、私も、強力な低級霊にお礼参りをされて、自分自身が危うい目にあった経験があります。波長が低いとか低級とか聞くと、たいしたことはないと思われるでしょうが、霊の力は陰と出るか陽と出るかの差だけで、強力なものも多いのです。

■本当の霊能者とは

このように、霊能者もいろいろな相談を受けながら、自分自身の身を守りつつ必死で相談者に対応しているのが現実です。

漫画や小説、あるいはテレビなどの作り上げた格好の好い霊能者など、本当の霊能者にはいないのです。なぜなら、霊能者というのは、もともと憑依体質であり、生まれつきの霊能者など存在しないからです。

霊障を受け、それに振り回されてしまう相談者と、霊能者の差は実は意外に少ないのかもしれません。

霊障を克服して正しい心霊知識を持ち、霊界の高級霊と交信できる力を持った人々が本当の意味の霊能者と言えるでしょう。

ですから、なかには本人も低い波長を持ち、低級な人格で低級霊を操る「霊術師」のような人物も確かに存在します。私の師の経験でも、自分に憑いている低級霊を街に派遣して人に憑依させ、その人の体や運勢を悪化させ、自分のところに導かせて商売をしているような「霊術師」もいたそうです。

そこに行けば霊が離れて体調や運が戻るので、被害者はそうとは知らず大金を払ってしまうのです。それを幾度も繰り返すのですから、このような「霊術師」に見込まれると不幸としか言いようがありません。

本当の霊能者を見分けるしっかりとした目が必要です。

霊能開発もまったく意味がないとは言えません。しかしこのような「霊術師」に引っかかったり、「霊術師」になってしまったりでは、あなたが生まれてきた目的が見えなくなってしまいます。

霊能者の能力とは技術ではありません。

真実の意味で霊能の開発とは、霊性の進化と霊的真実を学び、本人自身がいかに目覚め、霊性を向上させるかにかかっているのです。

たびたび言いますが、私たちは一人ひとり、魂の目的を持って生まれてきたのです。限られている人生を無駄にするのはつらいことです。そのためにも霊について、今、しっかり学んでいただきたいのです。

第三部　愛へのめざめ

第一章　苦しみあればこそ

■もっと広い愛を学ぶために

人は、ときに神頼みという間違いをおかします。依頼心が神を求めさせるのです。自らが完全なる神になろうと決心し、勇ましく立上がり、その霊の修行のために現世に降りたのに、ときに疲れが出るのです。

神に強いられたりしたわけではなく、あなたの魂が自ら選んだ道なのです。ですから、この世には「罰が当たる」などということは存在しません。もしそのように思えることがあるとしたら、それは自分が招いたことにほかならないのです。

このように言うと、なかには「そんなこと聞いていない！」と怒る人もいるかもしれませんが、本当のことです。

その理由は、たとえ誤っていても、人は神の模作をして生きているからなのです。

スウェーデンの学者・スウェーデンボルグの著作に『私は霊界を見て来た』というのがあります。これは、霊を肉体から離脱させた著者が、死後の世界をレポートしたものですが、このなかでスウェーデンボルグは、霊界と人間世界はちょうどコインの裏表の関係にあると語っています。

その意味で、私たちは、模作された小さき神界、霊界に生きているのです。

その多くの人が「お金持ちになって豪勢に暮らしたい」「有名になってみんなにうらやましがられたい」「えらくなりたい。人の上に立ちたい」と考えています。

実はそのような功名心も、神の誤った模作であり、向上心の現われなのです。

霊界はそれを憎んだり、見下したりはしません。

神という存在はもっと大きいのです。私たちをもまた、霊界の一部、神の一部として愛しています。

では、肉体を持った霊、私たちはなぜ、誤った神性の向上を思ってしまうのでしょうか？　それは肉体の存在ゆえです。

肉体という物質を得たからこそ、「個」を得たのです。しかし同時に「我」を得、「利己主義」の考えも得ました。

本来、霊界には「個」という概念が存在しません。心霊科学的に見た場合、究極的には霊とはすべてが一つなのです。あなたは私であり、私はあなたであるのです。

しかし、肉体を持った時点で、霊は「個」となり、自分と他人を分けて考えるようになります。そして自己保存の本能を持ち、そのなかから「小我」、つまり利己主義が生まれてきます。

同じ物質世界に生きる動物にも、同じようなことが言えます。

しかし、利己主義は人間のみに生まれるものです。動物が持つのはあくまで自己保存の意識だけです。

この差は、人間に「愛」があるためにできるのです。この場合の愛とは、利己主義＝自己愛を指します。

動物には、自己愛は存在しません。動物は自分に危害を及ぼすものがあるとき、生きるための糧を得るときにのみ、必要なだけ他者を殺します。

しかし、人は、危害を及ぼすだけでなく、他者を征服しようとさえするのです。また人は日々の必要以上に動物を殺し、捨てる必要があるほどに無駄に蓄えます。我が身を愛するゆえのこれらの振る舞い。これこそ真に人たる所以の自己愛なのです。しかしそれが自己愛であっても「愛」に変わりはないのです。これを利己主義者と誹謗する人も存在しますが、利己主義でない人間は存在しません。

利己主義＝自己愛とは、肉体を持ったゆえの誤った愛の姿です。それは愛の模作であり、真に愛することの練習でもあるのです。

そして、そのなかから、自然を愛し、人を愛することを学んでいきます。

神が、そのけなげな姿を憎むことがあるでしょうか？

いいえ。神は常に真実の愛をもって見守っているのです。

肉を持つ霊、人間の愛は「小我」の現われです。一方、神の愛は無限の「大我」の現われなのです。神は「小我」もまた「大我」の一部であると知り、見守っているのです。人間は「小我」のみが自己と考えるため、ほかにどんな危害がおよんでも平気になってしまいます。

霊的に見れば、すべての人類は兄弟姉妹であり、一つの魂であるのに、この考え方ゆえに人は自らばかりでなく、人類すべてを傷つけるのです。

しかし、たとえ狭い自我を守ろうとして出てきた利己主義であっても、それは愛の現われなのです。

現世にあって「個」のみが自己であると考える人間は、まず小さな「小我」のみを愛します。

しかし、私たちもまた、その愛を憎んではいけません。憎むこと。それはすなわち、肉の目で見ているということです。

私たちは、肉体を持つことによって、その誤った愛に苦しみもがきながら、その苦しみを通して本当の愛、神の神性に目覚めてゆくのです。

そのような人であっても、自然の美しさを愛することができるでしょう。

そして、ときには、損をすることもいとわず、人のためになることも行います。

これこそが、神の愛への目覚めの第一歩なのです。

人が、美しい自然を愛することを知るとき、他人に愛を感じるとき、人はその愛に自己を感じているのです。美しい景色は神性を感じさせます。そしてこの神性が霊の本質なのです。

その新鮮な目覚めのためにこの物質世界があり、そこに物質世界ゆえの苦しみがあるのです。

ですから人が求めるもの、霊が求めるものとは、それが誤った心から出たものであっても同じもの、愛です。

利己主義とは本来、自己のみを愛することから、もっと広い愛を学ぶための自己拡大のための基礎なのです。

そして神もまた、ある意味では利己主義者なのです。

なぜでしょう？　神もまた、自らを愛しているからです。

しかし神は、万物が自分自身であることを知っています。

そして、私たちの霊性向上は神につながることだとご存じなのです。それゆえ神は私たちに愛をかけ、見守っているのです。

もちろん、神の自己愛は、私たちの物質主義の愛とは違います。それは、高い神性を求める永遠の向上を指し示しています。

そして、私たちは若い未熟な神でもあります。この物質世界で切磋琢磨しながら、完成された愛を求めて修行を続けていくのです。

■この世の不幸から解き放たれるとき

あなたが幸せになるために知らなくてはならないことは簡単です。

それは「霊の世界はある」ことに気づくことです。

それこそが、ただ一つの幸福の原理なのです。人が人間として生まれたために持たねばならなかった三大苦があります。すなわち、「死ぬことの恐怖」「離別の悲しみ」「人生を不幸のみとすること」の三つです。

しかし、これはすべて人生が有限であり、霊が存在しないと考えることからきているのです。

あなたが霊であることを知れば、人生は変わっていきます。

どんなに大金を積んでも、どんな霊能者の力を借りても、他人の力であなたが救われることは決してないのです。どんな霊能者であっても、あなたの魂の目的を肩代わりすることなどできないのです。まず、大切なのは目覚めることです。

あなたには肉親にもまさる愛情であなたを見つめ、指導してくれる霊の親、守護霊がいるのです。

それなのになぜ、未浄化霊になる人たちがいるのでしょう？

それは、その人の守護霊の声に耳を傾けることができなかったからなのです。

霊界からの声に耳を傾けましょう。

「でも、私は年をとっています。この年になって生きる目的を知ったとしても遅いのではないでしょうか？」

「私は若いけれど、子供の頃から悪いことのし通しだった。親にも他人にも迷惑ばかりかけてきたんだもの。こんな私が生きる目的を知って何になるの？　どうせ守護霊にも守られず、苦労だけの人生になるんでしょ」

それは違います。

死は無になるのではなく、新たなる旅立ちであることを知ってください。

これを知ることによって、あなたは死の恐怖、愛するものとの離別の悲しみから解き放たれるはずです。

そして、未浄化霊にならなくてもすむのです。

霊の存在を知ってください。

幸福になる原理は存在するのです。

人は自らの未来に苦を遠ざけ、良いことのみを求めようとしがちです。自己を顧みることなく、自分の不幸のみを嘆きます。それは、すべての人間が物質のみで物事を考え、霊であることを知らないでいるからです。心霊哲学では「因果律」を学びます。これは「自ら蒔いた種は自らが刈り取らなくてはいけない」という原則です。

あなたが良いことをすれば、あなたには必ず良いことが起こり、悪いことをすれば悪いことが起こるという霊界の真理なのです。

あなたが本当に幸せになりたいのであれば、この真理を知ってこの真理に沿って生きれば良いのです。

良いこととは人のために生きることであり、それはまた、世に対する奉仕をすることでもあるのです。

しかし、この単純とも思われることが実際にはなかなか難しいのです。

人間は、与えるために失う恐怖から、この単純なことが実行できないでいるのです。

確かに物質しか存在しないと思えば、幸福になる要素は肉体を喜ばせる快楽のみとなり、精神や魂の喜びは二の次、三の次となってしまうでしょう。

このため霊の存在を知ることが不可欠となります。

しかし、頭で知っただけではだめなのです。

「わかりました。真面目に生きれば報われるのですね」

私が霊を知り、正しく生きることが大切なのだと言うと、このように答える人がたくさんいます。

では、真面目に生きるとは、どういう生き方なのでしょう？　報われるとは、どのようなことを言うのでしょう？

日頃、日常の中でもよく使われるこんな言い方ですが、本当の意味を知っている人は案外少ないものです。

この問いにきちんと答えることができなければ、本当の幸せを得る生き方はできません。たとえば、「真面目に生きる」とは、何かの宗教の教えに従って生きることでしょうか？　それとも、先祖代々に伝わる教えに従うことでしょうか？　または、その国に伝わる古い因習に沿って生きることでしょうか？

そのどれもが正しい答えだとは言えません。なぜならば、宗教も因習もしょせん現世の人間の手によって作られたものに過ぎないからです。

もちろん、なかには素晴らしい教訓もあるでしょう。しかし、現世の人間の手によって作られたものである以上、真理にはなり得ないのです。

そのため、既成のどの宗教に沿っても、因習に従っても、世界に平和は訪れないのです。したがって、私たちの上にも平和は訪れないのです。

唯一霊を知り、精神を重んじられる人となれば、あなたは幸せの価値が物質ではなく、心にあると知り、物質に左右されない人となれるのです。さらに現世の苦労、経験は自分の波長を高め、心域を広げるための神の愛の磨き砂と知ってください。

そして、初めてあなたはこの世が不幸であると思う心から解き放たれるのです。

あなたが人に施し、祈り、愛の心を持つとき、守護霊はあなたのそばに来ているのです。あなたに愛を注ぎ、一体となるのです。

そして、あなたにこう言うでしょう。

「我が子よ。私と一緒に歩みましょう。どんな山も谷も共に行きましょう。あなたが高い心域を得て、神の国に行くために。私はどんなときもあなたを愛し、見守っていきましょう」と……。

第二章　あなたが世界を変える

■自ら蒔いた種は自ら刈り取る

世紀末を迎えた時代。

私たちを取り巻く環境はまさに混沌の時代、不確実の時代へと突き進んでいます。

数カ月前のことです。私の所へ一人の相談者が訪れました。一流大学を出て、秘書をしていたという知的な女性です。

彼女は尊敬していた上司が会社内の派閥争いに敗れて社を追われたのを見て、会社を辞め、結婚して主婦となりました。そして子供を持ったのですが、その頃から将来に不安を持ち始めたのです。

「こんな小さな子供のうちから、こんな嫌な世界で生きていかなければならないのかと思うと、私はいてもたってもいられません。暗澹たる気持ちでいっぱいです。私は、いったい、何を信じて生きていけばいいのでしょう?」

人からみれば何ひとつ不自由のない生活をしている人です。

しかし、彼女は言葉を続けました。

「私も生きている実感が得られないのです。誰も私を理解してくれないし、人生の喜びなんて感じられません。このままではいけないと思うのですが、焦るばかりでどうにもなりません」

私は、ここには漠然とした不安にとらわれながら生きている人がいることを実感しました。

なぜ、それほどの孤独感にさいなまれるのでしょう?

なぜ、それほどの無力感にとらわれるのでしょう?

それは、現世にはびこる経済・物質至上主義の価値観に一喜一憂し、自分が今ここに在ることの意味を失っているからにほかならないからなのです。

経済文明の発達は、私たち人類に果たして真実の幸福をもたらしたでしょうか?

良いものを身に付け、より便利な生活環境を提供されたかもしれません。しかし、そのことと引き換えに失ってしまったものも数多く存在するのではないでしょうか？

現在、地球上の人口は六十億を超えるとも言われています。人類が地球上に出現してから三百万年とも四百万年とも言われています。

しかし、これからのたった五十年ほどの間に、かつて経験したこともないほどの人口の増加による飢餓や、小さな差別による民族間の殺戮が起こるのではないかと、専門家の間では危惧されています。

病・貧・争が人々を呑み込もうとしているのです。

日本ではどうでしょう？

価値基準の崩壊による漠然とした息の詰まるような不安感と、それを背景にした孤独感が蔓延していくのではないでしょうか？

子供たちの間で増え続けるいじめ。目前の快楽に没頭することで、とりとめのない不安から逃れようとする若者たち。他人に無関心な大人。心のより所をどこに求めたらいいのか心にくすぶった閉塞感にさいなまれる人々。

物質至上主義の経済は、物質的なことばかりではなく、人間が生きていくうえで当たり前のきまりや精神の豊かさを喪失させてしまいました。

美しいものを素直に感じられる心、人の心に感じる熱い思いやときめき。経済成長と引き換えに失っていた感動や人間性を、私たちは再び呼び戻さなくてはなりません。そのためには神を信じ、あなたが神の子であることを強く認識し、霊性の向上に努めなくてはならないのです。

正しい生き方を取り戻すためにも、霊（たましい）の真理、神の摂理を知らなくてはならないのです。

スピリチュアリズムとは、この混沌の現代に生きる人々に贈られた霊界からの哲学の啓示だったのです。

よく、スピリチュアリズムをただの心霊現象を追求するものだと考えている人がいますが、それは違います。スピリチュアリズムとそれによって得た私たちの本当の生き方を学ぶことにあるのです。

それは、スピリチュアリズムの元の意味と言える霊交思想をも超えたハイパーな心霊哲学なのです。

経済・物質主義の生み出す不安、孤独感、焦燥感など終末的状況にある現代人の救済を目指して打ち立てられた幸福の原理、それがハイパー・スピリチュアリズムなのです。

それこそが、あなたの精神に愛、他利を教え、平和と幸福をもたらす新しい生活原理です。ですから、学問として人から学ばなくても、霊の思想に目覚めたところになら、どんなところにもハイパー・スピリチュアリズムは存在します。

あなたという人間がここに在るということ。それは、あなたがやるべきことがあるということなのです。

現実の生活こそ、霊性進化の道です。

私たちには、実にたくさんの霊から働きかけがあります。そのなかには、低い波長を持つ霊も存在します。守護霊のように愛を持って私たちを見守る霊ばかりではありません。いわゆる悪霊だって多いのです。

このために、波長の法則を、また因果律を学ぶのです。

シルバーバーチは言います。

「自ら蒔いた種は、自らが刈り取らなくてはならない。これもその通りです。議論の余地はありません。私たちが地上のみなさんに説き聞かせているあらゆる教えの中核に、この自己責任の概念があります。

原因と結果の法則、いわゆる因果律を、何か魔法でもかけたように欺くことができたり、自分の行為が招く結果を誰かに背負わせて、利己主義が生み出す苦しみを自動的に消してしまうことができるかに説く教えは、すべてこの項目に違反します。

スピリチュアリズムの教えの核心に、この各人個人の責任の概念があります。自分がこしらえた重荷は自分が背負わなければならないという基本原理を知らなければなりません。

それは、自分の人間的不完全さを取り除き、内部の神性をより大きく発揮させるためのチャンスであると受けとられるべきだということです。

いかなる神学的教義、いかなる信条、いかなる儀礼祭典をもってしても、罪人を聖人に変えることはできないのです」

ここに、ハイパー・スピリチュアリズムの真実があります。

この世には偶然も奇跡もありません。

すべてが自然の法則に従い、原因と結果が交互に所を変えて現われているに過ぎないのです。

このように言われると、「霊の世界を知ることで自分も悪い霊の影響を受けているのではと恐ろしくなった」とか「因果律を知ると、何かやることが怖くなる」などと思う人もいるかもしれません。

そんな心配をすることは無用です。

もしあなたが、ハイパー・スピリチュアリズムを正しく学び霊を知れば、因果律とは悪いことのみに現われるのではないことがわかるはずです。

自らのカルマ、業を知り、反省し、愛を施すことによって良き種を蒔くのです。

そして、マイナスのカルマをプラスのカルマに変えることによって、自らの力で精算していくのです。

ハイパー・スピリチュアリズムは、人間が落ちいくだけの存在では決してないことを証明しています。

私たちは、完全な神になるべく努力をしている神です。

そして、この世の苦難はすべて、あなたを輝かせるパワーとなるのです。それを知ればこそ、現世に不安や孤独感を持つことなく、現代のすべてを受け入れたうえで、この世は素晴らしいものだと感じることができるのです。

■あなたが永遠に持てるもの

私は、日々、霊能者として、みなさんと向き合って生きています。

過去や未来を霊視して人生のアドバイス、霊界の事象を霊視することによって相談者の霊障の原因を追求すること。

故人となった家族などからの通信により、故人の現在の状況や家族へのメッセージを伝達するなど、相談を通してハイパー・スピリチュアリズムの普及に忙しい毎日を送っています。

私自身で言えば、浄霊についてのその心得を確実に習得できたのは、ここ数年のことなのです。それは決して技法や修法を身につけたからではなく、霊の世界について深く理解できるようになったからです。

そして私は今、自らの経験に立ったうえで、霊的真理の普及の急務を感じています。

霊の世界はあるのです。

あなたもまた、霊であり多くの霊の働きを受けて、この現代を生きているのです。

そして、霊の問題は、ほかでもない、あなたの心（魂）の問題なのです。

霊を癒し、霊性の向上をはかれば、人は霊の持つ未来の力を発揮し生きることができるのです。

まず、あなた自身が霊であることを自覚してください。人間の本質とは肉体ではなく霊なのです。心とは、脳ではなく霊なのです。

今、世界にはそのことを知らないゆえの不幸が満ち満ちています。誰もが不安にとらわれながら毎日を過ごしているのです。

たとえば、大きな不安として「死ぬことの恐怖」があります。皆さんも「死」について考えたことがあるでしょう。もしかしたら、愛する人の死を体験したことがあるかもしれませんね。

もし、家族や身近な人の死を体験しているのなら、あなたがどれほど辛く、悲しかったか想像はたやすいことです。

私のところでも「癌になってしまった」「エイズになってしまった」「いつ死ぬのだろう」などの恐怖をかかえた人が訪れます。

その方たちは、私が死後の世界の存在についてお話しすると食い入るように私を見詰め、真剣に霊について学んでいきます。

そして、何度も霊についてお話ししていくうちに、いつしかその恐怖から解き放たれて穏やかな気持ちになっていくのがわかります。

もちろん、私が心底親身になってお話しをすることも関係ないとは言えないと思います。死はとても個人的なことに思えるので、理解されることに飢えているのでしょう。

しかし、霊を学ぶことで死の意義がわかります。残される者の悲しみも、霊の世界を知ることでやわらいでいくのです。

死後の世界はあります。

私も、はやく父母を亡くしました。

ですから、別れていく悲しみも、残される悲しみも自分のものとして体験しています。その悲しみが人をどんなに打ちのめすか、私自身もまた知っているのです。

たとえ霊の世界を知ったとしても、私にも、もちろん、身近に暮らしていない悲しみはあります。それは否定できません。

しかし、無というものはないのです。

死とは肉体とこの物質界との別れであって、新しい旅立ちに過ぎません。また、それゆえ死への逃避（自殺）もできないのです。

安易に自殺を考える人には、強く言いたいと思います。死んだらすべてがなくなって楽になれると思ったら大間違いです。

「生きていくのが嫌になった」「もう死んでしまいたい」と安易に口にする人には、私は怒りを禁じ得ません。

そのような低い波長では低い精神世界にしか移行できず、なにひとつ逃げられないどころか、より厳しい自己追求をしなくてはならないだけです。

私たちは、だからこそ、この現世に与えられた限られた時間を充実させなければならないのです。

霊は死後も永遠に生き続けるのです。

物欲にしか生きられなければ、その永遠は空しいものになります。物やお金に関わってみても、霊の世界には、あなたの魂以外に何ひとつ持ってはいけないのですから……。

あなたが永遠に持てるもの、それはあなたの霊、あなたの心、経験だけなのです。

ぜひこれを理解してください。

このことが理解できたら、あなたの目的は物質中心に置くことはやめられるはずです。

そして、生きるゆとりを持ってください。

また、良いことをすれば良いことがあなたに返り、悪事を働けば悪事が返ってくるという宇宙の法、因果律をいつも心にとめてください。

このことが理解できたら、あなたは人に対して優しくなれるはずです。そして、人に対する思いやりを持ってください。

■私たち一人ひとりが救世主

人類最後の日が近づいていると、あちこちで予言がなされています。

しかし、その日は来ません。いいえ、来させてはなりません。

因果律を思い出してください。私たちには、神や悪魔など他から与えられる災難などないのです。あくまでも、自らが蒔いた種を刈り取るだけなのです。

これは、人類の蒔いた種なのです。

波長の法則を思い出してください。

低い波長が低い波長と同調するのです。

たとえば、ある町でそこに住む人全員が低い波長でいるとします。すると、その町には低級霊がはびこり、災難ばかり起こるのです。つまり、一人ひとりの心の在り方が世の中を変えてしまうこともあるのです。

「世間が悪い」などと言っているあなた。「世紀末なんだもの。もうどうでもいいわ」などと考えているあなた、目を覚ましてください。

あなたの生き方があなただけでなく、まわりにも影響することを知ってください。悪いことばかり起る不幸な町。これがあなたの町ではないと言い切れますか？

人の悪想念の集合が、世の中を災難に巻き込まないと言えるでしょうか？

今、因果の法則により、結果が出てきているのです。

崩壊した経済、未曾有の不況、これもみな私たちが蒔いた悪い種から生まれ出たものなのです。

確かに人心の乱れによって、自然霊が働いていることは否定できません。宗教家や占い師のなかには安易にこのことを予言し、自分のまわりの人たちだけで安全なところへ逃げましょうなどと提案する人がいます。

しかし、それは間違いです。

自分たちだけが助かろうと思う利己主義な気持ち、それがまたカルマになるだけなのです。

逃げてはいけません。

なぜなら、不幸の種は自らが蒔いたものだからです。私たち自身で刈り取らなければならないのです。

私たちは、一人ひとりが主人公です。
あなたが世界を変えるのです。この現代を救う力を持っているのです。
私たちは、一人ひとりが救世主なのです。
地球を救えるのはあなたの力です。
ですから、今こそ、あなたと共に世の中に良き種を蒔きましょう。
まだ遅くはないのです。
愛の花を咲かせることが、あなたにはできるのです。
そして、この世の中を地上の天国とできるように頑張りましょう。

地球のすべての人が主人公です。

私があなたに伝えたいこと。

それは、あなたがあなたの霊の力を信じて生きてほしいということなのです。
なぜならば、あなたにはできるのです。
その力はあなたを救います。
あなたの愛する人を救います。
あなたの地球を救います。

あなたが世界を変えるのです。

●抄録●心霊研究大国・英国に学ぶ

●英国心霊事情

よく言われることですが、どの国にもまして英国国民の霊に対する感情は非常にナチュラルで、その認識度も非常に高いものです。みなさんも英国に旅行したりすると、「霊の出るパブ」や「霊の出るホテル」、あるいは幽霊の出る名所めぐりツアーなどのあまりの多さにちょっとびっくりするかもしれません。

しかも、結構大まじめに取り組んでいます。すでに社会を構成する一部分と言ってもいいかもしれません。英国は文字どおり、スピリチュアリズムの本場でもあるのです。

それを証明しているのが、王室とスピリチュアリズムの密なつながりでしょう。

古くはビクトリア女王からチャールズ皇太子にいたるまで、英国の王室はミーディアム（霊能者）とのつながりをオープンにしています。

ごく最近も、アン王女が心霊治療を受けていることが、マスコミに報道されてしまいました。

また、チャールズ皇太子は、一九八三年に行った演説のなかで、ヒーラーと医師の協力を呼びかけ、英国医師協会もこれを受け入れる方向の調査をはじめたと言います。

これもこの百数十年、心霊研究の分野において先頭を切っていた英国だからこそのことかもしれません。

当然、英国には多くの心霊関係団体が存在しています。その多くは長い歴史を持ち、アカデミックな活動をしています。

おもしろいことに、この国の心霊関係団体には、心霊現象を科学的に解明し、霊魂の存在否定を果たそうという団体（ＳＰＲ…心霊研究協会など）と、心霊思想の信奉者団体（ＳＡＧＢなど）があり、社会的活動をそれぞれ精力的に行っています。

キリスト以外に霊能を持つ者は異端であるとの考えを根本に持つキリスト教世界の反発もあり、スピリチュアリストは白眼視されることも多いのですが、スピリチュアリズムを信奉する人は、スピリチュアリストだけの教会（スピリチュアリスト・チャーチ）

を各地に設けて運営しています。

キリスト教会の迫害を受けつつも大規模な活動がなされているのは、やはりこの国がスピリチュアリズムの先進国であることにほかならないでしょう。

では、一般の英国人の霊魂観はどのようなものでしょうか?

私が知る限り、この国の人の霊魂観はとても興味深いものです。キリスト教徒でありながら、霊魂の存在を認める人が非常に多いのです。

先程も述べましたが、ホテルやパブばかりでなく、国の名所であるハンプトンコートパレスやロンドン塔さえ、幽霊の出ることが売り物になっています。また、幽霊の出る場所を巡るゴーストツアーのようなものも、なかなかの人気で、私も参加してみましたが、ガイドの知識も豊富で驚かされました。専門用語が頻繁に使用され、聞くほうもそれをしっかり理解しているようでした。

ですから、霊が出た話などは実に日常的で、誰に聞いても一つや二つは霊の出る場所は知っているし、霊現象を体験したという人もたくさんいます。

では、私が霊的に見た英国霊事情をお話ししましょう。

●英国には浮遊霊、地縛霊が多い

私たち霊能者がまず強く感じること、それは英国には日本と比べて格段に浮遊霊と地縛霊が多いということなのです。

また、この国の霊は著しく実在感が強いのです。これは良いか悪いかとかではなく、霊体エネルギーが強いということで、しいて言えば、堂々としています。このため日本では霊を感じられない人も感じたり見たりすることがあるようです。

それでは、なぜ英国には浮遊霊と地縛霊が多いのでしょう?

それは、英国人の考え方と土地に原因があるのではと考えられます。

この国は、伝統を重んじる国民性と、地震が起こりにくい土地柄のせいで古い建物が多く存在しています。これがひとつの大きなポイントなのです。土地建物があまり変わらないため、霊は時代の流れをなかなか感じられないのです。土地建物に執着を持つ霊は忘れようにも忘れられず、いつまでもさまようはめになるわけです。

その点、今の日本では一年もたたずに町並みが変わったりしますが、実は霊にとっては執着から解き離れやすいという利点があるわけです。ですから、日本でも、鎌倉や京都といった古い町並みが残る所のほうが幽霊の目撃談は多いのです。

また、英国人は古い物に価値を認め、大切にします。かつて名のある人が住んでいたりすると、大喜びでその名を記したプレートを壁に貼ったりしています。このような国民性が霊を増やす結果となっているかもしれません。私も、このような霊を二度ほど目撃したことがあります。

一つは、私がかつて借りたロンドンのフラットの大家さんの家に出たもので、火の気がないのに鍋の蓋をコトコト動かしたり、ワープロの電源を切ったり、ドアをばたばた鳴らしたりとなかなかいたずら好きの男の霊でした。この建物はビクトリア時代の古いものでしたが、私が霊視してみると、この建物の古い大家の霊だったのです。

このように浮遊霊や地縛霊が多いのでは、英国の人はさぞかし怖い思いをして暮らしているのではと考えがちですが、それがそうでもないのです。

アンティークを愛する英国人は古い人も愛するのか、いるものなら共存共栄しようと考えるのか、それとも家の守り人と考えるのか、自慢話しをする人さえいます。

では、霊障はあるのでしょうか？

これも、おもしろいことですが、個人主義の国民性が霊にまで及んでいるのか、私は私、あなたはあなたとばかりに、生きている人には特に迷惑もかけない霊が多いようなのです。もちろん霊障がないわけではなく、除霊した話しも聞かないわけではありませんが、そのような例は少なく、さりげなく霊と共に暮らしている人のほうが多いようです。

また、日本のようにやたらと霊に取り憑かれたなどという人にもお目にかかりません。これも個人主義は冷たいなどとも言いますが、依頼心の強い日本人は少し見習った方がいいかもしれませんね。

余談ですが、日本ではよく家族が亡くなったあと、その人の持物を形見として大事にするあまり執着してしまったり、部屋などを生前のままにしておいたりする人がいますが、霊にしてみれば迷うばかりなのです。

冷たいようですが、部屋や物を整理するのも霊のためになるということを覚えておいてください。

●霊が国際化している!?

日本と英国と言うよりも、東洋と西洋のと言ったほうが正確なのですが、霊には東洋と西洋との間に微妙な違いがあるのです。

日本でおなじみの自然霊、狐霊・天狗霊などは実は東洋独特の存在であって、西洋には存在しないのです。そもそも、もともとこのような霊体は西洋にはいなかったと考えられます。

また、フェアリーと言われる妖精も、日本で見る限り、日本風の姿で現われますが、イギリスでは洋風の姿で現われます。

その点からみると、霊にも文化というものがあるのかもしれません。

もっとも、実際は、霊が現世文化に合わせているだけかもしれないのです。というのは、霊はもともとエネルギー体なので、姿を必要としないのです。きっと、霊能を持ち合わす者に可視化させるときの方便としているのでしょう。

さて先ほど述べた狐霊・天狗霊などの自然霊ですが、これらの霊がなぜ東洋独特なのかというと、それはどうやらこれらの霊の始祖が中国だからのようです。

以前、韓国で浄霊を手がけたことがありますが、天狗霊が原因でした。

もちろん、東洋であろうと西洋であろうと神が自然霊であり、その大元は同一のものですが、現世に近いレベルでは、やはり東洋の自然霊とは、ちょっとおもむきが違います。

この英国で言えば、狐霊・天狗霊に相当する霊は大きく分けて二種類となります。いわゆる天使と悪魔です。

このように言うと、あなたは良い霊と悪い霊の極端なものを想像するかもしれません。しかし日本でも稲荷と呼ばれる高位の狐霊と人に取り憑く低俗な狐霊があるように、霊体が高い波長を持つものを天使、低いものを悪魔と呼んでいるだけで、その姿に大きな違いは見られません。

その証拠に霊視してみると、その姿は人のようなものや動物のようなものと、さまざまです。これは日本とまったく違いありません。日本では狐霊などがポピュラーなのでよく語られますが、実際には自然霊にはさまざまなものがいるのです。

もっとも私は、霊体の高低は別として、漫画のような天使や悪魔の姿をした霊を見たこともあります。そのときはなぜだかおかしくなって笑ってしまいましたが、これもまた可視化させるための方便なのでしょう。

しかしここで重要なのは、姿で惑わせる場合があるので、姿では霊体の高低は問えないということです。霊体のオーラの輝きや色によって正しい判断をしなくてはいけないのです。

とはいえ、よくオカルト映画などに出る「悪魔」と呼ばれるようなものも確かにいるのです。これは単体の霊ではなく、低級化した自然霊・動物霊、人霊などが重なり合って霊団化したものを言うと考えます。日本でもこのようなケースを「天魔」と呼びます。大変恐ろしいものです。

さてもう一つ、最近起きているおもしろい現象についてお話ししましょう。

西洋には狐霊など存在しないと言いましたが、実は英国にも狐霊が現われ、それがさらに年々増加しているのです。

それがどうしてなのかと言えば、一言で言えば霊が国際化しているのです。

人間世界で国際化が進んだ結果、日本で憑依した狐霊などが海外に渡り、海外で居座ってしまったのでしょう。

そのうえ前にも述べたように自然霊は分霊して増えていくので、ここロンドンでも私が霊視するたび、年々東洋の自然霊が増えています。もちろん、その逆もあるでしょうから、きっとそのうち自然霊の洋の東西などなくなっていくに違いありません。

そうなれば、そのうち英国でも「狐憑き」などの低級自然霊の憑依現象も起こり得るでしょう。

だからこそ、今度は霊能者の国際化も絶対必要になるはずです。国や宗教にこだわらず、世界の霊能者は視野を広げなければなりません。

●心霊大国・英国に学ぶ

この英国は、先に述べたように、スピリチュアリズムの先進国です。ではなぜ、この国にスピリチュアリズムが根づいたのでしょうか？

時代的背景に加え、英国人の国民性が関係していると考えられます。

一八四八年、アメリカのニューヨークで有名なフォックス家のポルターガイスト事件が起こりました。この家の少女二人が不思議な叩音を聞き、その叩音を発信していたのが一人の死者の霊であったという衝撃的なこの事件は、アメリカ全土を越え、英国にも心霊熱をまき起こしました。

このとき初めて、学者によって心霊に科学的なメスが入れられたと言っても過言ではありません。

この時代、科学のメッカは英国でした。そのため、この事件の検証にあたった学者たちのなかから、心霊科学のベースが誕生し、学問として成立していったのです。

そして、ＳＰＲという霊魂を否定するための学者の集団もつくられたのでした。

そこがポイントなのですが、英国人気質には、わからないものを徹底的に研究し、そのままうやむやにしないというところがあるのです。今までの学術ではありえないという考えから頭ごなしに否定するのではなく、ないならないで、ないことを立証しようとするわけです。

そうです、ＳＰＲは心霊世界はないという前提に立ち、ないという証明のための研究に日夜励んでいるわけです。

しかし、このような発想がなくては、たとえ心霊世界ではなくても学問や科学は成り立っていけません。日本人にありがちな、異端とされることを恐れるあまり、発想的広がりをなくしてしまうといったことは、英国ではないようです。

英国人は個人主義を尊ぶうえに、理屈屋で論議好きです。自分の考えに執着し、論議で押さえ込もうとする光景によくお目にかかります。

これはもちろん学問の発展に貢献しているのでしょうが、このような気質が仇となったのか、浮遊霊、地縛霊が多く、よく心霊現象が起こるわけです。

これらの理由から、英国は心霊研究大国へと進んでいったのです。

そうしてその研究のなかから、「なぜ人は生まれ、なぜ生きるか」という命題が生まれ、スピリチュアリズムの誕生につながったのです。現在英国には、心霊の学校やユニオン、団体が数多く生まれ、アカデミックな心霊大国となっており、着実に社会的地位を築こうとしています。

この英国の霊能者は大きく二つに分類されます。デモンストレーションを中心とし、霊界の実在を訴える者と、ヒーリングや霊訓を含むレクチャーにより社会福祉に貢献する者です。

日本のように現世利益を中心とした占い的な活動はあまりなく、それはむしろ占いという独立した分野として区分けしています。

このうち、デモンストレーションを中心として霊界の実在を訴える者は、シッティングというかたちで多くの霊媒がこれにあたっています。

シッティングは、故人となった人の霊界からのメッセージを受け手に伝えることによって、死後の霊の存続を証明するもので、なかでもドリス・コリンズは非常に有名です。大ホール中心に精力的に活動し、テレビなどでもよく話題になる霊媒の一人です。

このデモンストレーターとしては、コラル・ポルジも有名です。彼女は霊界からもメッセージを言葉ではなく、サイキックポートレイト、つまり絵で表現するという珍しい方法を取っています。この人も、霊界にいる家族などを驚くほど正確に表現できるのです。

一方、ヒーリングや霊訓を含むレクチャーにより社会福祉に貢献している霊媒も多数存在します。これらの霊媒は、人々の実生活に役立つ活動をしているのです。

このなかで変わり種と言えば、ネラ・ジョーンズでしょう。警察の捜査に協力する心霊探偵として有名で、今までに多くの事件を解決しています。彼女はこのような活動を通じて霊界の証明を果たしているのです。

そして多くの霊媒のなかでも、大変重要な地位に霊訓霊媒が存在します。

古来よりシルバーバーチに至るまで、世界の人々の心に霊媒の存在と真理を最も強く訴えてきた霊訓霊媒。

この霊媒を通し、霊界からのメッセージを伝える活動こそが、人類の「なぜ生まれ、なぜ生きるのか」という命題に答えられると言うべきではないでしょうか？

魂の救済という意味では、人類の福祉に大いに貢献しているのですから……。

初めて霊訓を著わしたのは、インディアンの霊、シルバーバーチですが、それ以降も、たくさんの霊媒たちがトランストークを続けています。

なかでも、アイビー・ノーセージという霊媒は、チャンという中国人の霊界における指導役、ガイド霊の通信として、今、最も信頼される高いレベルの霊訓を発表していま す。彼女は教師としても有名で、霊媒の育成にも力をいれており、優れた霊媒を世に送り出しています。人の心の在り方が問われ、魂の救済が求められる現在、特にこの分野は必要となってきています。

英国でも、経済危機のなか、人は本当の生き方を求めているのです。

同様に、ヒーラーも今強く求められる存在です。

もちろん、病気を癒すのもヒーリングなのですが、本来のヒーリングは魂の癒しを言うのです。日本人はどうしても病気を治すことにこだわりますが、霊が癒されなければ本当の癒しにはつながらないことを理解してください。

英国は、個人主義のためでしょうか、孤独のなかに生きている人も多く、ヒーラーは孤独に病んだ魂の救済にも力を発揮しています。

先日私は、SAGBでホームレスの老人がヒーリングを受ける光景に出会いました。

そのなかに、私は、病んだ人類すべての姿を見たような気がしました。

ヒーラーは、身体を癒すことにより霊界の証明をする一面がありますが、どのような方法であっても、すべてに相通じることはやはり、霊を癒していくことなのです。

私は、英国でさまざまな勉強をしています。またこれからも続けていくつもりです。学ぶべきことはまだ山ほどありますが、一つ一つの発見はすべて、今の私の活動の土台となっています。

私が英国で学んだすべては、スピリチュアリズム研究所に生かされているのです。

あとがき

　私がスピリチュアリズム研究所を開設したのは、一九八六年のことです。かつて日本の心霊研究は、欧米に比べて、半世紀ほど遅れていると言われていましたが、ここ数年、日本の精神世界の理解度はめざましい発展を遂げているように感じられ、私は、とてもうれしく思っています。

　特に、スピリチュアリズムの面では、シルバーバーチの霊言が日本で紹介されて以来、輝かしい進歩を遂げていると思います。

　それ以前は、スピリチュアリズムという言葉すらあまり知られておらず、まして心霊学といえば、あやしげな宗教のひとつとみなされることが多かったように思います。

　それが今では、シルバーバーチの霊言を読み、感動し、人生観が変わったという人によくお目にかかれるようになりました。

　私のスピリチュアリズム研究所という名称に親しみを感じ、訪れる方々が増えたのもその現われではないでしょうか。

そのようなことを感じる度にグレートスピリットの力の素晴らしさを感じると共に、さまざまな高級霊界通信を日本に知らしめた浅野和三郎先生、現在ご活躍中の近藤千雄先生といった諸先生方のご尽力に深く感謝せずにはおれません。

死後の世界を認識することにより、人はなぜこの世に生まれ、いかに生きるべきか、についての真実の解答を得たことは、人類にとって最大の喜びといえます。「人生は、不幸」と思う人生観から「苦難により幸せを受ける」という前向きな人生観へと変化していけるはずなのですから。

しかし、最近の日本の精神世界のブームを見ていると、私は、とても心配になることがあります。それは、心霊現象にとらわれすぎて、真実がときに見えなくなる風潮、そして人の一生は定められているという誤った思想に振り回されてしまっていること、の二点です。

今に限らず、古き時代より、物理的心霊現象はありました。たとえば、エクトプラズムにより物質化霊を現わしたり、物品を移動させたり……。また、D・D・ヒュームのように人体浮揚をする人も出現しました。とにかく、驚くべき実験がたくさんありました。

しかし、それらは、あくまでも超常現象を通して、アナザーワールド、いわゆる死後の世界を立証しようとする手段であって、その霊媒を賛美させることに霊界の目的があったわけではありません。

その証として一八四八年に起きたハイズビューのポルターガイスト事件（一九一ページ参照）を挙げることができます。当時は、「共産党宣言」にみられるように、唯物主義が世界を支配しようとした時代です。ポルターガイスト事件は、その唯物主義をまさにくつがえすできごとでした。

ただ、本書でも述べたように、霊的能力と霊格（人格）は、決して比例するものではありません。これこそが最も大切なことなのです。どんなに目を見張らせるような心霊現象を現わしたとしても、それは心霊世界の実証に過ぎないのです。たとえ、それだけの能力があったとしても、その霊媒がそれだけ高貴な神ということではないのです。私は、多くの人々が、その点において大きな誤解をしていないかと心配しています。

それは、有名な料理人が、必ずしも人格者であるとはいえないのと、まったく同じことです。このことに気がつかなければ、せっかく素晴らしい実証に出会いながら、間違った人生観を抱くことになり、霊性進化を妨げることにもなってしまいます。決して誤解せぬことです。

また、人の一生は、定まっているものだという間違った考えが広まっています。私は、日々の心霊相談を通じ、それを強く感じるのです。たとえば、「最近、有名な書に、人の一生は定められていると書かれています。だったら、私の一生は不幸かどうか教えてください」といった相談を受けることが少なくないのです。

これは、まさに人はなぜ生まれ、いかに生きるべきかがわかっていないから生じる不安・心配によるものです。

人は、より高き霊格を得て神となるため、足りない部分を補うためにこの物質世界に身を置いているのです。我が魂にとって必要なさまざまな経験（それはときに苦難となるが）を乗り越えることにより、一層高い霊格（人格）となって霊界へと帰っていくのです。そして、さらにまた新たな旅へと進む、大我の神へと進んでいくのです。まさに、人は永遠の旅人にほかなりません。このような人生の本質を理解していない人があまりにも多いといわざるをえません。

私は、思います。もし、人の一生が本当に定まっているのならば、私は、この現世ではあえて努力もしなければ、向上心をもつこともなく暮らしていくでしょう。しかし、人生は、定まっているものではありません。人は決して神のあやつり人形ではないのです。

なぜならば、現世の人も、たとえおちこぼれていようと、神にほかならないのです。もし、仮に人生が定められているとしても、それは人間自らが定めているのです。自分とまったく関係のない力によって、人生のすべてが定まっているなどということはありません。それでは人生の喜びを味わうこともできないでしょう。霊性進化に必要とされる条件にしても、自分の霊性進化のためには、男性よりも女性の方が力になると理解し、その出会いを大切にするといったように自ら決めていくことが少なくないのです。

ただ、人には、宿命と運命とがあるようには思います。宿命とは、決して変えられない定めのこと。たとえば、あなたが女性であること、日本に生まれたということ、○○家に生まれたこと、などです。これらは、変えようもない事実です。宿命を別の言い方で表せば、カルマということができるでしょう。

一方、運命とは、その宿命＝カルマの土台の上において、いかようにでも変えられる事柄です。宿命の上において、という意味では、人の人生は確かにある程度は決められているといってよいでしょう。しかし、だからといって、自由意志の入る余地が全くないわけではありません。

たとえば、人の宿命＝カルマを学校と定めます。まず、学校にはそれぞれカラーがあります。制服もブレザーだったり、セーラー服だったりします。もちろん、校則も存在します。これらは、いわば宿命、カルマです。その学校の校舎や出会った先生、友達、クラス、座席、なども同様に考えることができます。

はたして、これらだけで、学校生活のすべてが決定づけられてしまうのでしょうか。この学校の生徒たちは、みな同じ中身の学校生活を過ごすのでしょうか。もちろん、違うはずです。

たしかに、同じ環境下で、同じ行事に参加したり、同じカリキュラムのもとで学習するわけです。しかし、ある生徒は、クラブに入部して、友達や先生たちと積極的に関わり、楽しく有意義な生活を送るでしょう。逆に、ある生徒は、依頼心のかたまりで、何事にも消極的で、せっかくの学校生活を嘆くだけで終えることもあるでしょう。

このように、たとえ学校という定められた枠の中にあっても、その人間の努力次第で、うるおいのある生活となるか否かが決まってくるのです。

人生も、まさに同じなのです。たしかにカルマという霊性向上のためのカリキュラムは存在しますが、その土台の上での生き方は、自分の生き方・努力により、全く異なってしまうのです。このような意味で、私たちは、自由意志を働かせる余地を十二分に持ち合わせているといえるのです。

よく霊界は、「人に悩みなど与えられない。あるのは問題だけである。しかし、人は自分だけはめんどうな努力はしたくないという怠惰から、我を張り、努力をこばむから、悩みをつくりだす。自分にとって、必要な問題をただ解決すればよいだけであるのに」と言います。

私は、人生とは、グレート・スピリットとのクイズ、ゲームと考えています。そして、人生のなかにつぎつぎと現われるクイズにいかに解答するかが肝心であろうと思います。といって、人生に対する不安は何もありません。なぜなら、私は、クイズを出しながら、私たちを見守っているグループ・ソウルの存在を理解しているからです。たとえ、突然、不幸や苦難が襲ってきたようであっても、その裏にはいつもグループ・ソウルの「もっと立派になれ」の励ましがあるのです。

霊は、永遠です。一方、この物質界は、有限ですから、苦難が果てしなく続くということはありません。すべてにおいて、霊に超えられぬものはないのです。このような事実を知ればこそ、私は、余裕の人生を送っているのです。

霊能者のもとに相談にくる人のなかには、自身の霊性向上に必要な問題であるにも関わらず、すっかりおびえてしまい、霊能を使ってその問題から自分を遠ざけようとする人がいます。

このような考えは、きりのないことです。問題を避けようとすればするほど、自らの霊性進化を妨げてしまいます。

　事前にカルマを理解し、マイナスのカルマをプラスのカルマへと転換する努力をするのであれば、まだよいのですが、人は、良いことは何もせず、幸せばかりを要求してしまいがちです。しかし、そのような人生は、いつもおびえていなければならない、不幸な人生です。

　人はなぜ生まれ、いかに生きるかを理解し、人生を余裕を持って送っていただきたいと、心から思います。本書が、少しでもそのお役にたてればと祈っています。


　私は、今年、生まれて初めて開腹手術を必要とする病気をしました。

　霊能者でありながら、なぜそれを避けられなかったのかと思われる方もいらっしゃるでしょう。ただ、私は、病気のことは数年前から予知しておりました。されど、何の病が、いつ現われるのか、その細部にいたってまでは予知できませんでした。

　しかし、それは当然のことです。私も人間である以上、皆さんと同じ霊性進化の道にあるのですから、私自身の努力も要求されるため、そこまで霊界に教えてもらえるはずもありません。

私は、人間ドックに入り、自分の病を知りました。胆のうの病気でしたが、その時点では、自覚症状がなかったので、医師に注意を受けるにとどまりました。

その後、例年通り、ロンドン旅行へ行きました。実は、その折り、三人の霊媒からも同じような注意を受けてしまいました。

その内容は、「あなたは疲れ切っている。このままでは、スピリチュアル・ギフト（霊能）が磨耗されて、倒れてしまう。すぐに体に休みをとりなさい。あなたが長い人生、霊媒として霊界の道具となり、霊界の多くの仕事を望むのなら、そうすべきです。そして、霊界もそれを望んでいます」というものでした。

私は、帰国後、まもなく倒れてしまいました。いやおうなく静養させられました。

私は、この数年間を振り返りました。

こんなに体を休めたことはありませんでした。ただ、がむしゃらに努力をし、年間に千件もの相談を受け、そのほかにも、ありとあらゆることに全力で携わってきました。若い故にできたことだと思います。

しかし、病気もせず、そのまま歩んでいれば、きっと大きな壁にぶちあたっていたことでしょう。

また、この数年の間に、私は、自らの歩むべき方向を見失いがちだったと思うのです。霊界は病気を課すことで、それを諭してくれたのだろうと思います。もちろん、病は、そのような毎日のなかで、私の心と体のバランスをむしばみつつあった。しかし、それを無視してきたことへのカルマの現われです。反省せねばならないことです。

私は、病に倒れても、不安やいらだち、くやしさなど、微塵も抱くことがありません。

私は、人生のなかで真理にめざめることによって、何事をも受け入れる自分となりました。そして、その起こったできごとの本当の意味を知ることを心がけています。

いまは、温かきグループ・ソウルの存在に、ロンドンの三人の霊媒による霊界通信を含め、ただただ感謝するのみです。

改めて私は、シルバーバーチの言う「人生は、苦難への感謝」という言葉をかみしめています。この病へ向かう道程、そして病のなかで、私は、多くのことを学びました。私の過去、現在、そして未来を改めて見つめ直すことができたのです。こうして私もまた、少しずつ霊性向上をしていくのです。

苦難があるということは、まさに完全なる神をめざす道からはずれていないという証です。なぜなら、苦難のない人生は、進歩のない人生にほかならないのですから。

霊能者と呼ばれる私も、このように、日々、学び、進歩に努めているのです。

本書を出版するまでに、三年の歳月を要しました。

最初の原稿を書き上げた当時、私は、いまほどマスコミに顔を出しておらず無名であることから、なかなか出版のチャンスを得ることができませんでした。たとえ、出版を進めてくれる出版社があっても、内容をもっとキワモノ的にするなら出版するという条件でしたので、そういうところはすべてことわりました。そうして、よりわかりやすく、中身の濃いものとするために、何度も書き直していくうちに三年が経ってしまいました。

この三年の間に、私は、社会の現実の厳しさを学ばせていただきました。

この三年の間にも、おもしろ、おかしく、心霊を語る霊能者たちの本がもてはやされていきました。

けれども、その間、私は一度たりとも霊界に自分の本が出版されるようにと願い祈ったことはありませんでした。逆に、私に誤りがある限り、出版されないようにと祈りました。

そして、努力は続けました。テレビ、雑誌などのメディアにも、スピリチュアリズムについて語れるものを選び、積極的に出演しました。

それは、もちろん、本を出すための売名を願ったからではなく、マスコミに登場する霊能者たちの話しが心霊現象にあまりに偏り、なかにはキワモノ的な心霊を語る人もいるため、私はあえて「人はなぜ生まれ、いかに生きるか」を語る霊能者も必要ではないかと考えたのです。

このような活動を通して、そのことを理解してくださる多くの方々に出会えたことは、大きな喜びでした。

この三年間、本が出版されず、本当に良かったと、いま、素直に思います。なぜならば、この三年間、本当に多くのことを学び、スピリチュアリズムの新たな発見、理解もあったからです。ですから、私には、この時間が必要だったのだと感じています。

いま、素晴らしい活躍をなさっている心霊研究家の諸先生方がたくさんいらっしゃるなか、あえて私が本を出す必要があるのだろうか、素晴らしいたくさんの本が出ており、それを皆さんが読めば十分ではないか、こんな若輩の私が、とも考えました。

しかし、私も、スピリチュアリズムを説くひとつの窓口として本を出すことにより、霊性進化の道を理解する人が少しでも増えるのではないか、と考えたのです。

また、私は、心霊研究家でもあり、霊能者でもあります。日本では、この両道を歩んでいる人が意外に少ないのです。

私は、心霊現象を表現しながら、その現象を哲学していく道をめざしてきました。それは、恩師、寺坂多枝子先生の考えのおかげです。師に導かれてきた今日まで、常に師の語られる「霊能者は、おがみやの域をはなれ、アカデミックな心霊学問を学ばねばならない。霊能者は、学をもってその地位を築かねばならない」とのことばが私をそう歩ませたのです。

そして、師は、財団法人・日本心霊科学協会の代表として、イギリスへ渡った経験上、私に「アカデミックな心霊研究の国・イギリスに学ばねばならない」とよくお話しになり、私をイギリス心霊留学へと導いてくださいました。

師は、私も常々尊敬しているテスター（故人。イギリスで有名なヒーラー）にお会いした経験があり、私は、師を通してテスターの素晴らしさをよく教えられました。

私には、もう一人、たいせつな師がいます。佐藤永郎先生です。浅野和三郎先生の奥様で、霊媒であった多慶夫人にかわいがられたという方です。この師も、やはり、若い頃イギリスに渡り、ハリー・エドワーズ（故人。イギリスでは大変尊敬されていたヒーラー）に出会い、彼によって霊能者への道へと導かれました。

私は、二人の偉大な師によって育てられてきたことに、いま、改めて感謝しております。

私は、二人の師の意を常に心に置き、アカデミックに、そして哲学する霊能者でありたいと思っているのです。

私は、霊能者です。立場上、たくさんの人の相談を受けているので、人の悩みを肌で感じることができます。また、心霊学を霊能者という立場で実感することもできます。

このような意味で、私には、私だからこそ役に立てる道があるものと、本を書き出版しようと思ったのです。そして、いま、私の初めての、この本が出版される運びとなったのです。

幸いにも、ハート出版の日高社長、藤川編集長によって手を差しのべていただきました。シルバーバーチの本を出版している出版社だけに、その感激はひとしおです。大霊の温かきお計らいを感じざるを得ません。本当にありがとうございました。

また、本書が出版されるまでには、多くの方々のおかげがありました。そのすべての方々に心から感謝するとともに、皆様の守護霊様、大霊の皆様方にも、心より感謝いたします。

また、イギリスのSAGBのプレジデントで、日本のスピリチュアリズムの発展を願い、自らの霊が日本に生きるようにと、イギリスに三つしかないハリー・エドワーズのブロンズ像を私にくださったテリー・ゴードンの名も忘れることはできません。

今回の出版を現世にて報告できぬまま霊界に旅立たれた、このイギリスにおける我が師であり、偉大なるヒーラーであるテリー・ゴードンに、本書を捧げたいと思います。

私は、これからも「人はなぜ生まれ、いかに生きるべきか」の問いに答えるスピリチュアリズムを、人々に伝えて生きていきます。

平成六年十二月吉日

江原啓之

本書は平成十三年十月刊『新装版・自分のための「霊学」のすすめ　人はなぜ生まれ　いかに生きるのか』に新たな序文を加え、カバー周りを新装したものです。

江原啓之（えはら　ひろゆき）

1964年12月22日生まれ。東京都出身。スピリチュアリスト。一般財団法人日本スピリチュアリズム協会代表理事。吉備国際大学、九州保健福祉大学客員教授。1989年、スピリチュアリズム研究所を設立。主な著書に『幸運を引きよせるスピリチュアル・ブック』（三笠書房）、『スピリチュアルな人生に目覚めるために』（新潮社）、『スピリチュアルメッセージ・生きることの真理』（飛鳥新社）、『苦難の乗り越え方』（パルコ出版）、『予言』（講談社）、ＤＶＤ『江原啓之のスピリチュアルバイブル』シリーズ（集英社）などがある。また、オペラ歌手としてリサイタルを開催するほか、東日本大震災復興支援チャリティーアルバム『おと語り』『うた語り』（ともにSpiritual Record）などもリリースしている。二期会会員。

公式ホームページ　https://www.ehara-hiroyuki.com
携帯サイト　http://ehara.tv/
日本スピリチュアリズム協会図書館（携帯文庫）サイト　http://eharabook.com

＊現在、個人カウンセリング、お手紙によるご相談は行っておりません。

人はなぜ生まれ いかに生きるのか ［新装版］

平成13年10月25日　新装版第１版第１刷発行
平成26年４月11日　新装版　〃　第55刷発行
平成28年６月24日　新装版第２版第１刷発行
令和７年５月27日　新装版　〃　第６刷発行

著　者　江原啓之
発行者　日高裕明

発行　ハート出版
〒171-0014　東京都豊島区池袋３－９－23
TEL03-3590-6077　FAX03-3590-6078
ハート出版ホームページ　http://www.810.co.jp

乱丁、落丁はお取り替えします。その他お気づきの点がございましたら、お知らせ下さい。
ISBN978-4-8024-0022-0　　編集担当／藤川すすむ　印刷／中央精版印刷